Ação caritativa da Igreja Católica

múltiplos rumos de caridade
nos tempos contemporâneos

SÉRIE PRINCÍPIOS DE TEOLOGIA CATÓLICA

Ação caritativa da Igreja Católica

múltiplos rumos de caridade
nos tempos contemporâneos

Joachim Andrade

Rua Clara Vendramin, 58 . Mossunguê
CEP 81200-170 . Curitiba . PR . Brasil
Fone: (41) 2106-4170
www.intersaberes.com
editora@intersaberes.com

Conselho editorial	Edição de texto
Dr. Alexandre Coutinho Pagliarini	Palavra do Editor
Dr.ª Elena Godoy	Capa e projeto gráfico
Dr. Neri dos Santos	Iná Trigo (*design*)
M.ª Maria Lúcia Prado Sabatella	Tatiana Kasyanova/Shutterstock (imagem)
Editora-chefe	Diagramação
Lindsay Azambuja	Charles L. da Silva
Gerente editorial	*Designer* responsável
Ariadne Nunes Wenger	Charles L. da Silva
Assistente editorial	Iconografia
Daniela Viroli Pereira Pinto	Regina Claudia Cruz Prestes
Preparação de originais	Sandra Lopis da Silveira
Miraphlores	

1ª edição, 2024.
Foi feito o depósito legal.

Informamos que é de inteira responsabilidade do autor a emissão de conceitos.

Nenhuma parte desta publicação poderá ser reproduzida por qualquer meio ou forma sem a prévia autorização da Editora InterSaberes.

A violação dos direitos autorais é crime estabelecido na Lei n. 9.610/1998 e punido pelo art. 184 do Código Penal.

Dados Internacionais de Catalogação na Publicação (CIP)
(Câmara Brasileira do Livro, SP, Brasil)

Andrade, Joachim
 Ação caritativa da Igreja Católica : múltiplos rumos de caridade nos tempos contemporâneos / Joachim Andrade. -- Curitiba, PR : InterSaberes, 2024. -- (Série princípios de teologia católica)

 Bibliografia.
 ISBN 978-85-227-0863-5

 1. Caridade – Cristianismo 2. Igreja e problemas sociais – Igreja Católica 3. Teologia social I. Título. II. Série.

23-177164   CDD-261.83

Índices para catálogo sistemático:
1. Caridade e Igreja : Teologia social 261.83

Cibele Maria Dias – Bibliotecária – CRB-8/9427

Apresentação, 7
Como aproveitar ao máximo este livro, 13

1   Fundamentos bíblicos da caridade cristã, 17

1.1   A caridade no Antigo Testamento, 20
1.2   A caridade no Novo Testamento, 26
1.3   Conceito da caridade na tradição, 30
1.4   Ensinamentos dos papas sobre a caridade, 33
1.5   A virtude da caridade, 35

2   O ser humano e a necessidade de ajudar o próximo, 41

2.1   Definindo o próximo, 44
2.2   Justiça e o próximo, 50
2.3   Solidariedade e o próximo, 54
2.4   Bem comum e o próximo, 57
2.5   Relações sociais e o próximo, 59

3	**Destinatários da ação caritativa da Igreja, 65**	
3.1	Postura da família cristã no cuidado com os doentes, 69	
3.2	Atitude cristã de caridade em relação aos pobres, 71	
3.3	A caridade aos excluídos, 76	
3.4	Cuidados com os vulneráveis, 79	
3.5	Pessoas em situações de risco, 82	
4	**Obras da caridade da Igreja no mundo, 89**	
4.1	O valor das organizações internacionais, 92	
4.2	Direito ao desenvolvimento, 95	
4.3	Instituições internacionais de caridade, 98	
4.4	Ambiente para o bem comum, 100	
4.5	Promoção da paz, 107	
5	**Por uma pastoral caritativa nas paróquias, 113**	
5.1	Inculturação da fé, 117	
5.2	Pastoral social na paróquia, 120	
5.3	Formação social na paróquia, 124	
5.4	Diálogo com vários setores da sociedade, 129	
5.5	Agentes da pastoral da ação caritativa da Igreja, 131	
6	**Promoção da dignidade humana em um mundo desigual, 141**	
6.1	Dever de proteger os inocentes, 144	
6.2	Condenação do terrorismo, 149	
6.3	Ameaça à paz no mundo, 151	
6.4	Serviços caritativos nos âmbitos da vida social, 154	
6.5	Defesa da paz, 157	

Considerações finais, 167
Referências, 171
Bibliografia comentada, 177
Respostas, 179
Sobre o autor, 181

Apresentação

A religião cristã sem caridade é vazia de significado, pois a caridade está na essência do cristianismo. Essa essência é vivida, praticada e desenvolvida em diversos contextos e realidades e de formas diferentes pelos adeptos. Ao publicar o documento *Deus Caritas Est*, em 2005, primeira encíclica de seu pontificado, o Papa Bento XVI resgatou a dimensão da caridade cristã em um período marcado por conflitos e pela ascensão do fundamentalismo. A carta enfatiza a face amorosa de Deus e aponta a unidade entre o divino e o humano em diferentes formas de amor, o que abrange a prática da caridade em âmbitos sociais.

A caridade permite à Igreja sair do universo ritualístico e entrar no universo caritativo no contexto social. É bom lembrar que Jesus enfatizou o ensinamento do profeta Oseias (Os 6,6): "Quero a misericórdia e não o sacrifício" (Mt 12,7). Esse olhar de Jesus abre espaço para duas interpretações. A primeira (considerando-se que, na Bíblia, a palavra *sacrifício* pode se referir aos sacrifícios de animais como bois, carneiros e aves, o que era um culto bastante comum nas religiões tradicionais) remete ao sacrifício exclusivamente de animais sem uma ligação com a vida cotidiana, caso em que perde seu significado; e a segunda, a um culto vazio de significado, que, sem a dimensão da caridade, se afasta do conjunto da doutrina cristã. Portanto, citando Oseias, Jesus resgata o verdadeiro sentido, que seria a misericórdia vinculada à caridade e o amor ao próximo. Assim, entendemos que a caridade cristã assume o lugar central no ensinamento de Jesus que a Igreja está praticando por milênios.

No entanto, ainda que a caridade seja praticada dentro da Igreja, é necessário encontrar modos inovadores de desenvolvê-la, uma vez que as épocas e os costumes mudam. Encontramos novos rostos de necessitados, presenciamos o surgimento de novas realidades apelantes, assim como os gritos da natureza para cuidá-la. Esses apelos eram ausentes poucos anos atrás. Como aponta Stringhini (2016, p. 5),

> A sociedade humana necessita de orientação filosófica e ética, em vista de soluções para emergentes e graves problemas sociais que a afligem. Com respaldo e fundamento em sua doutrina social, a Igreja jamais se omite em assumir a tarefa que lhe compete na edificação da Civilização do Amor. A fé cristã implica necessariamente em trabalhar por uma sociedade justa e solidária, contrária a toda estrutura de iniquidade e pecado. Daí o compromisso com uma ordem social onde reine a justiça, a paz e a vida plena para todos.

Os processos da evangelização, principalmente a opção preferencial pelos pobres assumida pela Igreja ao longo dos séculos e no contexto do pontificado do Papa Francisco, fornecem o fundamento, a direção e a consistência ao serviço de caridade. A ação caritativa da Igreja se encontra no interior de sua doutrina social, um rico patrimônio da Igreja, como esclarecem Zacharias e Manzini (2016, p. 8):

> Patrimônio esse resultante da corajosa palavra dos papas sobre temas intimamente relacionados com a defesa e a promoção do humano em todas as suas dimensões. Perita em humanidade, a Igreja por meio do seu Magistério, convicta de que a sua doutrina social constitui instrumento privilegiado de evangelização, vive na atitude de percorrer o caminho do humano, o que faz com que o seu rico patrimônio seja continuamente elaborado e atualizado.

Nesse âmbito, a caridade, ação intrínseca à Igreja, carrega múltiplos nomes e sentidos. Para abordarmos essa questão, organizamos esta obra em seis capítulos distintos com os temas pertinentes ao tempo contemporâneo que buscam iluminar o saber dos leitores, principalmente daqueles que se encontram no campo acadêmico.

O Capítulo 1 apresenta os fundamentos da caridade cristã. Para tal propósito, trilhamos o caminho do Antigo e do Novo Testamentos, identificando os textos e os contextos pertinentes à caridade cristã. Esse primeiro capítulo também contempla o caminho percorrido pelos primeiros cristãos e pelo Magistério da Igreja ao longo dos séculos, assunto este que é abordado nas encíclicas papais.

O Capítulo 2 assume uma perspectiva que foca mais o "antropos", isto é, o ser humano e suas necessidades cotidianas, com um olhar sobre a caridade na perspectiva do ser humano, um olhar a partir de baixo. O ser humano também carrega dentro de si a semente da compaixão, portanto a necessidade de ajudar o outro, enxergar o outro como irmão e irmã, como uma manifestação divina que pede socorro em seus sofrimentos. Para contextualizarmos essa dimensão, apresentamos nesse capítulo uma análise da encíclica *Fratelli Tutti*, que nos coloca no eixo das necessidades humanas, enfocando alguns conceitos como os de justiça e de solidariedade nos contextos contemporâneos.

O Capítulo 3 dá continuidade ao tema abordado no capítulo anterior, indicando os diversos rostos, contextos e realidades da ação caritativa da Igreja. O capítulo contextualiza a situação pandêmica de covid-19, que trouxe consigo novas enfermidades para a sociedade. Trata dos doentes, dos pobres e dos excluídos, bem como das pessoas em vulnerabilidade e daqueles que se encontram em situações de risco, que são as realidades em que a ação caritativa da Igreja está mais presente, além de outros lugares.

O Capítulo 4 tem como foco a prática da caridade em diferentes partes do mundo, uma vez que a Igreja reconhece que, para qualquer caridade, necessita da colaboração com as instituições nacionais e internacionais. Quando há colaboração e organização na caridade, ela atinge de fato os contextos concretos. Sendo a maior instituição de caridade do mundo, a Igreja Católica tem o dever de dialogar com outras instituições enquanto faz a caridade em benefício dos seres humanos.

O Capítulo 5 contextualiza a ação caritativa no âmbito paroquial. A paróquia é o núcleo onde se realizam diversas atividades tanto espirituais como sociais. O capítulo apresenta as diversas atividades que ocorrem no contexto da paróquia, especialmente a pastoral social, que contempla a caridade cristã. A paróquia, sendo de todos, dispõe de uma estrutura adequada para realizar as atividades caritativas.

Finalmente, o Capítulo 6 indica como a caridade deve atingir o mundo globalizado, que se torna cada vez mais desigual. Esse mundo exige de nós a proteção dos fracos e inocentes. Existem constantes ameaças à paz por parte de terroristas, de grupos radicais e também por conta da má distribuição dos recursos. Portanto, a caridade é dever também de todas as tradições religiosas. O capítulo finaliza com um apelo às religiões para que façam orações pela paz.

Assim, nesta obra, a intenção é oferecer alguns elementos concretos para reflexão à luz do patrimônio da doutrina social e dos novos desafios enfrentados pela ação caritativa da Igreja. Esse patrimônio é um tesouro escondido, que se revela à medida que são colocados em prática os gestos caritativos por parte dos fiéis. Como afirma Stringhini

(2016, p. 5), "a Igreja, perita em humanidade, em uma espera confiante e ao mesmo tempo operosa, continua a olhar para os 'novos céus' e a 'terra nova' (2Pd 3,13), e a indicá-los a cada homem, para ajudá-lo a viver a sua vida na dimensão do sentido autêntico". Que esse tesouro seja descoberto no processo da evangelização, tornando o convívio entre as pessoas mais humano e digno! Esta obra atualiza a compreensão do rico conteúdo relacionado a esse tema, e sua aplicação pode oferecer as respostas concretas aos contextos do mundo contemporâneo.

Boa leitura!

Como aproveitar ao máximo este livro

Empregamos nesta obra recursos que visam enriquecer seu aprendizado, facilitar a compreensão dos conteúdos e tornar a leitura mais dinâmica. Conheça a seguir cada uma dessas ferramentas e saiba como estão distribuídas no decorrer deste livro para bem aproveitá-las.

Introdução do capítulo

Logo na abertura do capítulo, informamos os temas de estudo e os objetivos de aprendizagem que serão nele abrangidos, fazendo considerações preliminares sobre as temáticas em foco.

se esta situação nos levasse a ignorar que muitos de nossos irmãos ainda sofrem situações de injustiças que nos interpelam a todos (FT 11). O momento histórico pelo qual a humanidade passou no momento da publicação do texto foi o da pandemia de covid 19.

Curiosidade

No final do ano 2019, surgiu na China um vírus que avançou para todos os países já no início do ano 2020, afetando as diversas camadas da população e tirando a vida dos milhões de pessoas.

Essa situação pandêmica levou a humanidade a praticar inúmeros gestos de caridade. A relevância da encíclica nos faz olhar os contextos numa forma comparativa. O texto da Encíclica reflete o que humanidade estava vivendo. A pandemia não é o cerne dessa Encíclica, mas a realidade de pandemia tem olhar mais amplo, onde existem os tempos de incertezas e o sentido de solidão.

O Papa Francisco, já na abertura da encíclica, aborda as sombras de um mundo fechado, introduzindo o leitor na dinâmica da realidade. Ao longo do documento, percebemos que o texto nos convoca, nos interpela para nos mantermos atentos a alguns aspectos da realidade que dificultam o desenvolvimento da fraternidade. Pode-se perceber na encíclica uma marca franciscana, relacionada à espiritualidade e à interpelação. A fraternidade e a amizade social são temas são importantes para toda a Igreja nos tempos atuais em que tudo parece andar na escuridão. Assim, a questão de definir o próximo se resolve na encíclica quando esta apresenta e contextualiza a parábola do bom samaritano.

Curiosidade

Nestes boxes, apresentamos informações complementares e interessantes relacionadas aos assuntos expostos no capítulo.

Nesse tipo de relações, falou-se mais a da fé, e negociar bem existirá sempre de um compromisso que estabeleça a relação de equivalência. Le, a voz como da vinha de a vida clara. A ágape seja certem, mas não supera a criação da relação cultural amoris, material ou imoral (Moniz, 2016, p. 684)

O amor de tipo ágape se confunde com a ideia de caridade, e assim como esta, ele não se limita às relações profanas. Esse amor fortalece a relação entre Deus e a humanidade, sobretudo com os cristãos, assim como a relação que estes estabelecem para com os outros seres humanos (o amor ao próximo). De acordo com a doutrina católica, quando os seres humanos invocam o amor a Deus em, sua relação com o próximo, deixam de ser seduzidos pelas riquezas materiais e se entregam aos ideais de abnegação e gratuidade (Moniz, 2016).

Síntese

Neste capítulo, abordamos as fontes bíblicas da caridade cristã. Toda a caridade possui o embasamento, principalmente nas Sagradas Escrituras. Em primeiro lugar, tratamos do Antigo Testamento, contextualizando a Aliança como ponto de partida para a caridade. No Novo Testamento, analisamos Jesus como bom pastor que deu uma nova visão para caridade cristã. Toda a vida pública de Jesus apresentou um objetivo: opção preferencial aos pobres e exclusão da sociedade. Ao longo dos milênios a Igreja seguiu o exemplo do bom pastor e continuou fazendo a caridade aos mais necessitados. As encíclicas dos papas sobre a doutrina social da Igreja apresentam os conteúdos direcionados à caridade cristã na dimensão social. Nesse sentido, observamos que a caridade cristã é uma dimensão essencial da Igreja que deve continuar até o fim dos tempos.

Síntese

Ao final de cada capítulo, relacionamos as principais informações nele abordadas a fim de que você avalie as conclusões a que chegou, confirmando-as ou redefinindo-as.

e, finalmente, o bem comum elabora a proposta de Jesus que seria a concretização do reino de Deus, quer dizer, o bem-estar de todos em todas as dimensões.

Indicação cultural

DIÁLOGOS sobre a encíclica *Fratelli Tutti* de Papa Francisco. Disponível em: <https://www.youtube.com/watch?v=2CbnjFl1Piw>. Acesso em: 5 set. 2023.

Nos Diálogos, o entrevistado industrioso padre Mario Videla revela a encíclica *Fratelli Tutti* do Papa Francisco. O tema abordado serve à preocupação em relação ao encontrado que vivida a efetiva da mesma. O conteúdo apresenta o contexto do mundo os tópicos em que a encíclica pretende os encontrados eles desarticula.

Atividades de autoavaliação

Os dois polos essenciais e inseparáveis da sociedade são:
- A liberdade universal e a harmonia cósmica.
- A fraternidade universal e o antagonismo local.
- A fraternidade universal e a amizade social.
- A racionalidade universal e a amizade social.
- A fraternidade universal, porém não existem outros elementos essenciais.

Qual é a encíclica do Papa Francisco que define quem é o "próximo"?
- A encíclica *Fratelli Tutti*.
- A encíclica *Rerum Novarum*.
- A encíclica *Gaudium et Spes*.

Indicações culturais

Para ampliar seu repertório, indicamos conteúdos de diferentes naturezas que ensejam a reflexão sobre os assuntos estudados e contribuem para seu processo de aprendizagem.

Atividades de autoavaliação

Leia as proposições a seguir e assinale aquela que identifica a tríplice dimensão da paróquia.
- A paróquia é o lugar da eucaristia; é o lugar de comunhão das famílias; e é um lugar onde se faz a caridade.
- A paróquia é o lugar somente da celebração da eucaristia e não promove outras atividades.
- A paróquia é o lugar da eucaristia; é o lugar de comunhão das famílias; e também lugar de recreio.
- A paróquia é o lugar da eucaristia, e outras atividades como caridade são realizadas em outros ambientes.
- A paróquia é o lugar do encontro das pessoas para fazer a caridade e outras atividades não existem no âmbito dela.

Como se compreende o conceito de inculturação?
- Pode-se compreender que inculturação implica uma forma de adaptar-se a uma nova realidade cultural semelhante à sua.
- A inculturação implica em uma adaptação, ou a um novo ambiente cultural, muito diferente do seu.
- A inculturação é um processo de conhecer outra cultura, mas sem viver os valores dela.
- Pode-se compreender que a inculturação é a forma de aprender sua própria cultura.
- Pode-se compreender que a inculturação é uma forma de socialização que abre possibilidade de conhecer a si mesmo.

Quais das proposições a seguir indicam corretamente os dois níveis da formação social cristã no tempo?
- O primeiro nível da obra formativa é ensinar a viver uma vida cotidiana numa forma digna.

Atividades de autoavaliação

Apresentamos estas questões objetivas para que você verifique o grau de assimilação dos conceitos examinados, motivando-se a progredir em seus estudos.

⌐ Atividades de aprendizagem

Aqui apresentamos questões que aproximam conhecimentos teóricos e práticos a fim de que você analise criticamente determinado assunto.

⌐ Bibliografia comentada

Nesta seção, comentamos algumas obras de referência para o estudo dos temas examinados ao longo do livro.

1
Fundamentos bíblicos da caridade cristã

A caridade, baseada na fé em um Deus que nos amou e ama por meio de seu próprio filho, representa o centro da fé cristã (Bento XVI, 2005). De fato, pela sua origem e justificação no amor divino, a caridade cristã abre para múltiplas direções, pois amplifica seu amor e se enriquece de novos conteúdos que a benevolência humana, *per se*, não é capaz de alcançar. Assim, todo amor se encontra na base da doação de seu próprio filho, Jesus, feita pelo Pai.

O principal pilar da tradição cristã é a caridade, pois é uma virtude que impulsionou agentes a cada canto do mundo como evangelizadores e missionários para fazer o bem aos necessitados, como pobres e excluídos, vítimas de realidades de violência, assim como gritos da natureza. Essa prática continua até os dias de hoje sob os diferentes nomes, como *evangelização*, *missão*, *assistência social* e também *missão inculturada*, de acordo com o continente, o lugar e a cultura.

A caridade cristã nasce do coração do evangelho. A sensibilidade, o discernimento e a ação em prol da justiça comum fazem parte da fé cristã e tornam-se exigência ética para todos os que seguem Jesus Cristo. Quando se vê a história humana nessa perspectiva, a ação caritativa da Igreja transforma-se num itinerário com o rumo definido: em direção do bem comum. O bem comum é o desejo de todas as sociedades, porém permanece somente no desejo em virtude da falta de vontade dos líderes. Por isso, entendemos que a raiz da caridade cristã converge para a Doutrina Social da Igreja (DSI). Nesse sentido, a ação caritativa também exige a justiça e a imediata prática da solidariedade. Dessa forma, percebe-se que os cristãos não são simplesmente espectadores, mas atores da história da humanidade.

Por trás dessa ideia se encontra a convocação do Concílio Vaticano II pelo Papa João XXIII, que surpreendeu o mundo com um gesto carregado de ousadia e revestido de uma profunda fé em Deus. Foi o caminho tomado pela Igreja naquele momento da história para enfrentar as consequências da Segunda Guerra Mundial e também os efeitos da Guerra Fria, com a visão ampla da caridade cristã. Como afirma a constituição pastoral *Gaudium et Spes*, "A Igreja, a todo momento, tem o dever de perscrutar os sinais dos tempos e interpretá-los à luz do Evangelho" (GS, n. 4). Nesse contexto, "a missão dos fiéis passa, dessa maneira, pela capacidade amadurecida de ler o mundo, olhar os sinais, colher os fatos, confrontá-los e iluminá-los com a luz do Evangelho, tendo como referência o compromisso com a busca da verdade" (Castilho, 2018, p. 5).

Portanto, neste capítulo, vamos explorar os fundamentos da caridade cristã com base na Bíblia. Apresentaremos os textos de suporte para a caridade tanto no Antigo como no Novo Testamento. Além disso, percorreremos o caminho do Magistério, incluindo os ensinamentos dos papas sobre a caridade e finalizando com a dimensão mais ampla da virtude da caridade.

1.1 A caridade no Antigo Testamento

O Antigo Testamento tem diversas imagens que apresentam a caridade como elemento essencial tanto para a vida humana quanto no que se refere ao cuidado para com a própria natureza. Toda a responsabilidade é dada para o ser humano desde a criação. No livro de Gênesis há a seguinte exortação: "Sede fecundos, multiplicai-vos, enchei a terra e submetei-a terra! Dominai sobre os peixes do mar, sobre as aves do céu e sobre tudo o que vive e se move sobre a terra" (Gn 1,28). Entretanto, ao longo dos séculos, houve uma interpretação equivocada que levou ao abuso da terra, o que causou certo desequilíbrio na relação com o cuidado da criação. Necessita-se de uma interpretação adequada dos verbos *submeter* e *dominar*, que significam explorar a terra não de forma irresponsável, mas no sentido de "gerenciá-la", "cuidar dela", "usá-la de maneira adequada, equilibrada", ou, em outras palavras, fazer um uso "sustentável" dela. Porém, dentro do marco de grandes linhas da teologia da criação, afirma-se que o ser humano foi criado à imagem de Deus e foram postas a sua disposição todas as coisas terrenas, para que as dominasse e as usasse, glorificando a Deus (Gn 1,26; Sb 2,23) e ciente de que Deus fez boas todas as coisas (Gn 1,31). Mas a atividade humana foi corrompida pelo pecado. Assim, a relação com a criação foi se tornando gradualmente mais abusiva e de domínio do que propriamente amigável e de uso sustentável. Essa relação é responsável pelo desequilíbrio da criação, ocasionando fenômenos como enchentes, secas e, consequentemente, a fome, como a que levou os habitantes de Israel a migrar para o Egito. Esse processo expôs o povo a uma dura realidade de escravidão, mas possibilitou que se assumisse uma nova abordagem sobre a caridade, principalmente no campo da dignidade humana e no campo social.

Para tranquilizar as relações com a humanidade, diversas alianças foram realizadas entre Deus e os seres humanos. Podemos citar, por exemplo, a aliança cósmica com Noé (Gn 9), com o símbolo de arco-íris, com a afirmação de que a Terra nunca será mais destruída, ou a aliança com Abraão (Gn 12), com a promessa de uma terra onde corre leite e mel e que oferece segurança para os seres humanos viverem com tranquilidade. No entanto, verificamos que essas alianças não deram um resultado positivo. Nesse contexto, observamos que por parte de Deus houve o desejo de estabelecer uma ordem, uma relação harmoniosa com a humanidade, uma caridade universal, porém, não havendo uma colaboração por parte da humanidade, foi necessário que Israel passasse por uma experiência dolorosa de escravidão de 430 anos. Essa experiência deu um novo espaço para a caridade a partir de novas alianças em tempos posteriores.

1.1.1 Caridade rumo à dignidade

A dimensão central da caridade cristã é devolver a dignidade para a pessoa humana. Existem muitas formas em que a dignidade é violada, entre as quais se destaca a escravidão. O escravo, em razão de sua condição de dependente, está à mercê de seu senhor e, como isso era, geralmente, amparado por uma lei, era necessária a intervenção de um terceiro para que ocorresse sua libertação. Nessa atitude se encontra a semente do resgate da dignidade dos hebreus exilados no Egito. Observamos que a iniciativa vem de Deus, Ele mesmo escolhe Moisés como instrumento para esse resgate, quando diz: "Eu vi a opressão de meu povo no Egito, ouvi os gritos de aflição diante dos opressores e tomei o conhecimento de seus sofrimentos. Desci para libertá-los das mãos dos egípcios e fazê-los sair desse país para uma terra onde corre leite e mel" (Ex 3,7-8).

Uma leitura antropológica da dignidade humana remete aos tempos mais remotos na cultura do Oriente Médio. Antes de Israel construir sua própria identidade como nação, os conceitos foram tirados de grandes civilizações, como Mesopotâmia, Babilônia e Egito. A região era semidesértica e a sobrevivência era garantida pelo pastoreio, sendo que os pastores cuidavam de pequenos rebanhos. A proteção do rebanho e a fidelidade no trabalho determinavam a bênção por parte de Deus. Os pastores dos rebanhos sentiam a proteção de Deus e, por sua vez, consideravam-no como o grande Pastor. Essa ideia foi levada posteriormente da Mesopotâmia para Egito, porém com uma diferença: no Egito, Deus protegia somente os nobres e não o povo simples e trabalhador. Portanto, o resgate da dignidade a partir da imagem do Pastor se torna fundamental na vocação de Moisés e, consequentemente, na aliança do Monte Sinai. É interessante notar que a caridade de Deus é vista pelo olhar do Pastor nessa aliança. Assim, entendemos que a imagem do pastor é tirada de outros povos, como os mesopotâmicos e os egípcios, e introduzido na realidade israelita, em que Deus é visto como pastor que guia seu rebanho. Luiz Balsan (2018, p. 11) resume:

> O ponto de partida para a compreensão de Deus como pastor que guia está na experiência do Êxodo. O canto entoado por Moisés e pelos filhos de Israel (Ex 15) glorifica a Deus pela sua prodigiosa ação através da qual libertou o seu povo da escravidão do Egito e o conduziu para a terra prometida: "Conduziste com o teu amor este povo que redimiste e o guiaste com amor para a morada que consagraste!" (Ex 15,13). A experiência de ser tirado de uma situação e levado para outra, a qual evoca já uma ação que é própria do pastor (Sl 78,52), une-se à experiência de ter sido conduzido com segurança e protegido diante das ameaças do exército egípcio: "Os carros de Faraó e suas tropas, ao mar ele lançou" (Ex 15,4).

Esse olhar carinhoso por parte de Deus em relação a Israel foi o ponto de partida para outros gestos mais concretos, entre os quais se destaca a retirada dos hebreus da mão dos opressores egípcios. O processo de saída passa por diversas etapas, sendo a primeira a experiência mística de Moisés com Deus no Monte Sinai, que posteriormente resultou na origem da tradição judaica com os Dez Mandamentos. A caridade por parte de Deus segue com a promessa de proteção desde que haja a obediência e a fidelidade de Israel a Ele. Toda a tradição judaica fundamenta-se em três aspectos: uma terra, um povo e um Deus. Esse pacto entre Deus e o povo pela mediação de Moisés veio a ser conhecido como a Aliança do Sinai (Ex 19-20), da qual fazem parte os Dez

Mandamentos, carregados de leis, preceitos, normas e regras que têm o objetivo de colaborar para o bem viver e criar boas condições de vida.

Desse modo, a caridade divina é para o ser humano, que foi criado para a vida, para o bem e para ser livre. Ao longo dos séculos, a humanidade perdeu essa dimensão e, assim, foram criados certos conceitos para preservar a fidelidade em relação à Aliança por parte de Israel.

1.1.2 Concepção judaica da caridade

É interessante notar que alguns conceitos foram desenvolvidos em relação à caridade e à preservação da fidelidade à Aliança ao longo dos séculos. Esses conceitos abrangem mais o campo de justiça social, embora o campo da espiritualidade também seja contemplado. Entre os conceitos mais importantes, destacam-se os de *hassid* e *sadik*.

Na concepção judaica, o termo *hassid* significa "piedoso", no sentido de desenvolver a grande intimidade com Deus. O piedoso vive a ordem do amor de Deus com as práticas dos Mandamentos e leis elaborados na Aliança. Essa prática religiosa era para todos, expressa na família, nas festas sagradas e na frequência semanal na sinagoga.

O segundo conceito, *sadik*, remete à ideia de "justo" e está intimamente vinculado ao primeiro, pois o "piedoso" se torna "justo". Esse sujeito irradia na comunidade, educa pelo exemplo os mais jovens com sua conduta íntegra. Além disso, ele se torna uma pessoa de confiança e referência coletiva. A vida dessa pessoa se torna um reflexo da adesão a Deus. Nesse sentido, o "justo" tem uma missão pública importante.

De modo geral, essa pessoa também é considerada profeta, tendo, portanto, a função de anunciar e denunciar, ou seja, fazer a vontade de YHWH. Com esses apelos, os profetas tentavam garantir a fidelidade do povo à Aliança, já que muitas vezes os ricos e os reis não a exerciam. Os reis, por exemplo, com os casamentos com mulheres de outras culturas, introduziam o culto a outras divindades, fato denunciado pelos profetas. Ademais, os profetas também incentivavam algumas práticas cotidianas sociais e espirituais, como o verdadeiro jejum, o culto santo, o compromisso ético e o respeito ao ser humano (Is 58). Dessa forma, no Antigo Testamento, a caridade de Deus é representada no seguimento dos preceitos estabelecidos pela tradição estabelecida por Moisés.

No antigo Israel, a comunidade era firmada pela Aliança com Deus, que determinava a vida familiar, comunitária e social. Na observância da Lei e na escuta dos profetas se encontrava o fundamento da adoração a Deus e da promoção da justiça para todos. As famílias de Israel se reuniam como comunidade religiosa e social. A experiência familiar e comunitária marcou a constituição do povo de Deus em diversas épocas: Abraão, como pai da grande nação; Isaac e Israel, como patriarcas das doze tribos; Moisés, como libertador da escravidão e organizador do povo em pequenos grupos; os juízes, que ungiram os primeiros reis; os profetas, que anunciaram a vontade de Deus e denunciaram a infidelidade à Aliança; e o exílio, que remete à saudade da Terra Prometida (CNBB, 2014, Documento 100, n. 63, 64).

Assim, o Antigo Testamento apresenta Deus como o pastor de seu povo. Seu pastoreio se concretiza sobretudo em suas ações que visam guiar, prover, libertar e unir a si por meio da Aliança. Essas palavras indicam como, pela ação pastoral, Deus busca conduzir seus filhos à vida plena, livrando-os de tudo o que ameaça sua vida, conduzindo-os pelos caminhos da liberdade e providenciando o que necessitam para ter vida plena (Balsan, 2018, p. 34).

1.2 A caridade no Novo Testamento

Quando se trata da caridade no Novo Testamento, é fundamental que haja uma compreensão adequada sobre a missão de Jesus. O foco da missão de Jesus era estabelecer o reino de Deus. Por isso ele fala diversas vezes por meio de parábolas, porém sempre dando preferência aos pobres e marginalizados. Em suas andanças pelos caminhos da Palestina ao longo de três anos de vida pública, Jesus se confrontou com a realidade dos marginalizados da sociedade que eram condenados a viver à margem da sociedade. Como aponta Balsan (2018, p. 26),

> Pessoas que, além de carecerem de tudo e viverem na miséria, eram expostos a uma situação de vergonha. São pessoas que, por frustrações de colheitas e pelos altos impostos do Império Romano, se endividaram e consequentemente perderam as suas terras e passaram a viver na indigência; pessoas com doenças contagiosas que eram obrigadas a viver à margem da sociedade para não contaminar os demais; mulheres que, muitas vezes, por motivos fúteis eram recusadas por seus maridos e expostas à rua sem poder contar com a proteção de ninguém ou ainda pessoas que do início de sua vida traziam necessidades especiais: cegos, coxos, aleijados e que viviam às margens das estradas pedindo esmolas.

A vida pública de Jesus também era carregada de imagens, entre as quais se destaca fortemente a do bom pastor, retirada do Antigo Testamento.

1.2.1 Imagens da caridade de Jesus

Jesus, considerado como Messias, o enviado de Deus, tinha como objetivo estabelecer o reino de Deus, ou seja, libertar o homem do pecado; estabelecer o "plano de ação de Deus" significa fazer uma escolha específica pelos excluídos (Lc 4,16-19). Para tal propósito, Ele usa uma linguagem mais apropriada para comunicar suas propostas ao povo marginalizado. Balsan (2018, p. 29) descreve o tríplice movimento de Jesus:

> Observando o ministério pastoral de Jesus, podemos perceber um tríplice movimento: 1. Ele vai ao encontro da ovelha perdida: este é o movimento primeiro e principal, o que determinou o mistério da Encarnação – a sua vinda entre nós – e o estilo do seu ministério; 2. Ele acolhe os que o procuram; 3. Em certas situações o gesto de acolher e a iniciativa de ir em busca se misturam. Esta atitude complexa de Jesus que acolhe e busca nos ajuda a entender melhor as parábolas que Ele mesmo contou. De um lado Ele é a porta por onde as ovelhas entram: é nele que encontram o caminho para a vida em plenitude. Ele é o pastor que não permite que a nenhuma ovelha lhe seja impedido de entrar em seu recinto para poder contar com a proteção e a guia de seu pastor. De outro lado, Ele é também o pastor que não se dá paz enquanto alguma ovelha ainda esteja fora do rebanho e por isso toma constantemente a iniciativa de ir para outros lugares para anunciar o Reino de Deus (Mc 1,38).

Além disso, o Documento 100 (CNBB, 2014, n. 67, 68, 69) apresenta algumas imagens concretas de Jesus como o Bom Pastor (Jo 10,11). Com bondade e ternura acolhia o povo, sobretudo os pobres, e Jesus apresentava um caminho de vida nova: "Vinde a mim, todos vós que estais cansados e carregados de fardos, e eu vos darei descanso" (Mt 11,28-30). Jesus tinha um cuidado especial para com os doentes afastados do convívio social, porque eram considerados castigados e viviam de esmolas. Lançava-lhes um novo olhar, por isso tocava-os para curá-los, tanto da enfermidade quanto da exclusão social. Jesus anunciava a Boa Nova do Reino para todos. Oferecia um lugar aos que não tinham vez na convivência humana. Seu agir revelava um novo jeito de cuidar das pessoas. Ele ia ao encontro delas, estabelecendo com elas uma relação direta e acolhedora.

Além disso, em seus mandamentos, Jesus também utiliza uma imagem para enfatizar a importância da caridade. A preocupação dos discípulos era atingir a vida eterna, por isso interrogam Jesus sobre o mandamento da Lei que permitiria alcançar a vida eterna (Mt 22,36-9; Lc 10,25). Jesus responde que, em primeiro lugar, deve-se amar a Deus plenamente e, em segundo lugar, amar ao próximo como a si mesmo. Esse ensinamento de amar ao próximo é a base para as múltiplas formas de caridade que Igreja desenvolveu ao longo dos séculos.

1.2.2 Diakonia como caridade

Com efeito, o Ato dos Apóstolos (At 6,1-6) oferece uma das primeiras definições do ideal da caridade (*diakonia*) a ser praticada pelo diácono. Sabemos que, na fase inicial da evangelização da Igreja, muitos aderiram à fé em Jesus. Os apóstolos não conseguiram dar conta do trabalho de evangelização, sobretudo no que diz respeito ao o cuidado com a palavra de Deus. Essa sobrecarga os levou à criação de um grupo de sete pessoas com o objetivo de se dedicar à caridade, à oração e especialmente ao serviço das mesas onde acontece a partilha do pão entre os necessitados (At 6,1-6). De modo geral, esses eram homens de certa integridade, cheios do Espírito Santo e de sabedoria, pois precisavam desempenhar um serviço social concreto, além de realizar o serviço social espiritual. Como aponta São Paulo, de nada valia o alívio da pobreza material se não se procurasse principalmente combater o sofrimento da alma. O ministério da caridade chega a seu auge nos séculos II e III com algumas figuras importantes, como Justino, Inácio de Antióquia e particularmente o diácono Lourenço, expoentes da caridade eclesial na época.

Mais tarde entendemos que

> Com a progressiva difusão da prática organizada do serviço do amor ao próximo, a caridade (*diakonia*) – tal como o anúncio da palavra de Deus (*kerygma-martyria*) e a celebração dos sacramentos (*leiturgia*) – tornou-se num dever basilar da Igreja católica (doravante, Igreja), uma expressão irrenunciável da sua própria essência. (Bento XVI, 2005, p. 25)

Todavia, para os primeiros cristãos, a caridade significava o afeto não físico, direcionado primeiramente a Deus e ulteriormente aos seres humanos – familiares, amigos, estranhos ou mesmo inimigos.

Moniz (2015, p. 42) afirma que "Existem, portanto, três passos no mandamento da caridade: amar a Deus (para salvação e justificação), amarmo-nos a nós próprios (por justificação natural e sobrenatural) e amar o próximo (aquele que se encontra em situação de necessidade)".

Na primeira epístola à Igreja em Corinto, São Paulo descreveu a essência desta *caritas-ágape* – a mais importante das virtudes divinas – de maneira marcante:

> O amor é sofredor, é benigno; o amor não é invejoso; o amor não trata com leviandade, não se ensoberbece.
>
> Não se porta com indecência, não busca os seus interesses, não se irrita, não suspeita mal;
>
> Não folga com a injustiça, mas folga com a verdade;
>
> Tudo sofre, tudo crê, tudo espera, tudo suporta.
>
> O amor nunca falha; mas havendo profecias, serão aniquiladas; havendo línguas, cessarão; havendo ciência, desaparecerá. (1Cor 13,4-8)

O tema do cuidado caritativo de Deus, a partir das alianças do Antigo Testamento, continua também no Novo Testamento, apresentando Jesus como o Bom Pastor. Com essa metáfora, evidenciam-se elementos particularmente importantes: a proximidade entre o pastor e suas ovelhas; a gratuidade com que o pastor exercita sua liderança sobre o rebanho; a fidelidade do pastor, que é capaz de dar a vida pelas ovelhas; o amor do pastor, que o impulsiona em busca da ovelha perdida (Balsan, 2018, p. 34). A imagem do bom pastor possibilita que a caridade se manifeste em múltiplas direções: de um lado, precisa ter o foco *ad extra*, quer dizer, fora do âmbito da Igreja em direção à sociedade; de outro, *ad intra*, ou seja, apontando para o cuidado com os membros da própria Igreja.

1.3 Conceito da caridade na tradição

Logo após a experiência de Pentecostes, o processo da evangelização assume rumos distintos. Por um lado, houve a pregação do evangelho por parte dos apóstolos no Império Romano. Para facilitar o processo, eles criaram as pequenas comunidades nas quais a essência de cada cristão se define como filiação divina. O batismo era importante e foi vinculado à experiência do Espírito Santo, apresentando também a dimensão da conversão (At 2,38). Assim, os seguidores de Jesus começaram a se reunir para expressar sua fé em seu Mestre e trilhar o caminho proposto pelos apóstolos. Essas comunidades eram chamadas de *primitivas*, pois foram aquelas que acolheram a nova fé pela primeira vez e faziam os encontros ao redor de uma mesa e centrados na palavra, pois eles também sentiram o mesmo chamado (At 7,54-60; 8,1-4).

Normalmente esses encontros eram realizados na casa de um dos fiéis onde havia amplo espaço para acolher as pessoas, além de uma mesa disponível para acomodar todos os participantes.

Justamente nos Atos dos Apóstolos encontramos a continuidade, em que Lucas apresenta a inspiração para toda a comunidade cristã: "Eles eram perseverantes em ouvir o ensinamento dos apóstolos, na comunhão fraterna, na fração do pão e nas orações" (At 2,42). A reunião dos fiéis na casa teve uma dimensão muito mais pessoal. Os adeptos assumiam a fé com fidelidade inclusive nos momentos de perseguição, por isso enfatizando a importância de perseverar e indicando que a vida cristã é um comportamento de constante crescimento. O caminho dos primeiros cristãos era exemplar tanto na partilha dos bens em prol da missão quanto na compreensão da palavra de Deus e da proposta do evangelho (CNBB, 2014, Documento 100, n. 79).

1.3.1 Princípios de caridade na comunidade nascente

A comunidade cristã se inspira nos quatro elementos distintivos da Igreja primitiva (CNBB, 2014, Documento 100, n. 80):

> a) O ensinamento dos apóstolos: a palavra dos apóstolos é a nova interpretação da vida e da lei a partir da experiência da ressurreição. Os cristãos tiveram a coragem de romper com o ensinamento dos escribas, os doutores da época, e passaram a seguir o testemunho dos apóstolos. [...]
>
> b) A comunhão fraterna: indica a atitude de partilha de bens. Os primeiros cristãos colocavam tudo em comum a ponto de não haver necessitados entre eles. O ideal era chegar a uma partilha não só dos bens materiais, mas também dos bens espirituais, dos sentimentos e da experiência de vida, almejando uma convivência que

superasse as barreiras provenientes das tradições religiosas, classes sociais, sexo e etnias;

c) A fração do pão (Eucaristia): herança das refeições judaicas, principalmente a ceia pascal, nas quais o pai partilhava o pão com os filhos e com aqueles que não tinham nada. Para os primeiros cristãos, a expressão lembrava as muitas vezes em que Jesus tinha partilhado o pão com os discípulos [...];

d) As orações: por meio delas os cristãos permaneciam unidos a Deus e entre si e se fortaleciam na hora das perseguições.

Esses quatro aspectos deram origem a todas as atividades da Igreja, especialmente o conjunto de atividades de caridade da Igreja primitiva. Por isso, compreendemos que a Igreja, desde seu início, definiu que seguiria o rumo da evangelização com a caridade.

1.3.2 Caridade nos Padres da Igreja

Em geral, quando se fala dos Padres da Igreja, não se fala sobre a caridade. Os Padres da Igreja eram aqueles que deixavam seus lugares e iam ao deserto para terem uma experiência com Deus. Porém, há evidências de que os Padres também faziam caridade conforme o contexto e a situação. Ao longo dos séculos, eles desenvolveram alguns aspectos essenciais para a caridade cristã, algo que pode ser percebido, por exemplo, na *Didaqué*, escrita no século I: "Não rejeite o necessitado. Divida tudo com o seu irmão e não diga que são coisas suas. Se vocês estão unidos nas coisas que não morrem, tanto mais nas coisas perecíveis" (Didaqué, IV, 8, citado por Brighenti, 2019, *slide* 35). São Basílio (330-379) afirma que "aquele que despoja um homem de sua roupa é um ladrão... o pão que guardas em tua despensa pertence ao faminto, como pertence ao nu o agasalho que tu escondes... O sapato que apodrece em tuas gavetas pertence ao descalço e ao miserável a prata que ocultas" (Ribeiro, 2019).

Santo Ambrósio (337-397) declara que dar aos pobres não é fazer o bem, mas devolver a eles apenas a parte que lhes pertence. De fato, usufruímos aquilo que foi dado a todos, para uso de todos. A terra pertence a todos, não apenas aos ricos; o bem privado é, assim, fruto da usurpação (Brighenti, 2019, *slide* 38).

Santo Agostinho (354-430), Doutor da Igreja, conceitua a justiça como a virtude pela qual damos a cada um o que é seu. Agostinho quer dizer que dar ao pobre é direito, é algo fundamentado na justiça; se damos do que é nosso, isso é uma liberalidade, mas, se damos do que é dele, trata-se de uma simples restituição. São Clemente de Roma afirma que a repartição das coisas que estão no mundo, e que deveriam ser de uso comum, foi estabelecida pela iniquidade de alguns que se apropriaram dos bens que são de todos. São João Crisóstomo (344-407) aponta que "Deus nunca fez uns ricos e outros pobres. Deu a mesma terra para todos. A terra é toda do Senhor e os frutos da terra devem ser comuns a todos. As palavras 'meu' e 'teu' são motivos e causa de discórdia" (Brighenti, 2019, *slide* 40). São Tomás de Aquino (1224-1274) resume sabiamente: "Os bens são de uns quanto à administração, mas de todos quanto ao uso" (Brighenti, 2019, *slide* 41).

1.4 Ensinamentos dos papas sobre a caridade

O ensinamento dos papas sobre a caridade cristã é elaborado com base nas encíclicas sociais, que apresentam certa preocupação com a sociedade. A expressão *Doutrina Social da Igreja* (DSI), que pode ser vinculada à caridade cristã, engloba os ensinamentos contidos em cartas, encíclicas, exortações, pronunciamentos, declarações e que, em conjunto, compõem o pensamento do Magistério católico no que diz respeito às questões sociais. "Difundir tal doutrina constitui, portanto, uma autêntica prioridade pastoral, de modo que as pessoas, por ela iluminadas, se tornem capazes de interpretar a realidade de hoje e de procurar caminhos apropriados para a ação" (Pontifício Conselho "Justiça e Paz", 2006, p. 14, n. 7).

Esses estudos colocam-nos diante de uma tarefa bem mais exigente em suas implicações e desafios. Trata-se de trazer para os dias atuais a dimensão sociopolítica da Boa Nova de Jesus Cristo. Ao discorrer sobre os elementos constitutivos da DSI, o documento *Orientações para o estudo e o ensino da Doutrina Social da Igreja na formação dos sacerdotes* (citado por Gonçalves, 2018, p. 1) define a DSI da seguinte maneira:

> O ensinamento origina-se do encontro da mensagem evangélica, e de suas exigências éticas, com os problemas que surgem na vida da sociedade. As questões que daí emergem passam a ser matéria para a reflexão moral que amadurece na Igreja por meio da pesquisa científica, e inclusive mediante a experiência da comunidade cristã.

Ao longo da história do Magistério da Igreja, a DSI é uma das melhores formas de expressão do vínculo indissolúvel entre a justiça social e a evangelização. Não se pode desviar disso, pois seguir Jesus Cristo depende de uma participação ativa na transformação da sociedade.

Em resumo, podemos entender que a DSI é o evangelho colocado em prática para a resolução dos diferentes problemas sociais, políticos, econômicos e culturais. Inspirado pelo Espírito Santo, o Magistério da Igreja busca os melhores meios de aplicar a mensagem evangélica às situações do dia a dia. Nesse contexto, surgem as reflexões no sentido de intervenção na sociedade, isto é, os ensinamentos para a resolução dos problemas inerentes à condição social da humanidade. As diretrizes para essas ações podem ser encontradas no Magistério da Igreja, conduzido pelo papa e voltado para o bem comum.

O primeiro documento que reflete a DSI é a encíclica *Rerum Novarum*, escrita pelo Papa Leão XIII e publicada em maio de 1891, mas isso não significa que os documentos anteriores da Igreja não trouxessem já uma preocupação com as questões sociais. Como aponta Gonçalves (2018, p. 3),

> São inúmeras as referências à situação real e concreta dos pobres desde os primeiros séculos do cristianismo e da tradição católica, conforme iremos constatar mais à frente. O próprio Leão XIII, na introdução da Rerum Novarum, refere-se à abordagem do tema em encíclicas precedentes sobre soberania política, liberdade humana e constituição cristã dos Estados, publicadas respectivamente nos anos de 1831, 1885 e 1888. Mas, enquanto anteriormente essas questões apareciam de forma secundária, à margem de outros assuntos de maior relevância, agora o papa faz da condição social dos operários o tema central de sua carta.

É possível afirmar, então, que a ação caritativa da Igreja apresentada nas encíclicas é direcionada mais às questões sociais do que propriamente aos assuntos internos da Igreja.

1.5 A virtude da caridade

A caridade cristã é a virtude teologal pela qual amamos a Deus sobre todas as coisas e ao próximo como a nós mesmos por amor a Deus. Moniz (2016, p. 683) contextualiza essa compreensão:

> O seu conteúdo é considerado muito mais eminente (Lopes, 2010) do que a misericórdia ou beneficência, porquanto ambas se fundam numa identificação não sobrenatural pelo sofrimento alheio que, não tomando como ponto cardeal o amor de Deus aos Homens, não logra desenvolver um genuíno sentimento de amor ao próximo.

O amor pode ser concebido de acordo com três categorias: a *eros*, a *filia* e a *ágape*.

> A última distingue-se das duas primeiras pelo fato de conter uma qualidade de gratuitidade, uma recusa de equivalência e de não inclusão de laços de reciprocidade típicos das relações familiares. Nesse tipo de relações, típico da *eros* e da *filia*, a reciprocidade necessita sempre de um instrumento que estabeleça a relação de equivalência, i.e., a economia do dom e do contra-dom. A ágape exige o dom, mas não espera do objeto da relação qualquer retorno material ou imaterial. (Moniz, 2016, p. 684)

O amor do tipo *ágape* se confunde com a ideia de caridade e, assim como esta, ele não se limita às relações profanas. Esse amor fortalece a relação entre Deus e a humanidade, sobretudo com os cristãos, bem como a relação que estes estabelecem com os outros seres humanos (o amor ao próximo). De acordo com a doutrina católica, quando os seres humanos invocam o amor a Deus em sua relação com o próximo, deixam de ser seduzidos pelas riquezas materiais e entregam-se aos ideais de abnegação e gratuidade (Moniz, 2016).

Síntese

Neste capítulo, abordamos as fontes bíblicas da caridade cristã. Toda a caridade tem embasamento, principalmente nas Sagradas Escrituras. Em primeiro lugar, tratamos do Antigo Testamento, contextualizando a Aliança como ponto de partida para a caridade. No Novo Testamento, analisamos Jesus como bom pastor que deu uma nova visão para caridade cristã. Toda a vida pública de Jesus apresentou um objetivo: opção preferencial pelos pobres e excluídos da sociedade. Ao longo dos milênios, a Igreja seguiu o exemplo do bom pastor e continuou fazendo a caridade aos mais necessitados. As encíclicas dos papas sobre a Doutrina Social da Igreja (DSI) apresentam os conteúdos direcionados à caridade cristã na dimensão social. Nesse sentido, observamos que a caridade cristã é uma dimensão essencial da Igreja que deve continuar até o fim dos tempos.

Indicação cultural

> DOUTRINA Social da Igreja: fundamentos bíblicos da Doutrina Social da Igreja – parte 1. 15 set. 2021. Disponível em: <https://www.youtube.com/watch?v=VXTmxHDZgWg>. Acesso em: 3 set. 2023.
>
> O vídeo apresenta os fundamentos bíblicos da Doutrina Social da Igreja (DSI). O padre Joaquim Parron, missionário redentorista e reitor do seminário de filosofia dos redentoristas, sabiamente aborda os contextos bíblicos, sobretudo a experiência do Êxodo.

Atividades de autoavaliação

1. Marque a alternativa correta sobre os símbolos das alianças no Antigo Testamento:
    a) Deus fez uma aliança cósmica com Noé, tendo como símbolo o arco-íris; já na aliança com Abraão, houve a promessa de uma terra, muito filhos e a bênção.

b) Deus fez uma aliança cósmica com Noé, tendo como símbolo a água e o fogo, e uma aliança com Abraão, com a promessa de uma terra onde corre leite e mel.
c) Deus fez uma aliança cósmica somente com Moisés, tendo como símbolo a pedra, e com Abraão, tendo como símbolo o arco-íris.
d) As alianças sempre são feitas com o povo em determinado momento da vida deste e assim aconteceu com o povo Judeu.
e) As alianças de Deus não têm símbolos, e sim falas de Deus com os líderes.

2. Quais são os dois conceitos de caridade no contexto da justiça social no Antigo Testamento?
   a) *Hassid*, o piedoso, e *kadosh*, o justo.
   b) *Shema Israel*, o piedoso, e *kadosh*, o justo.
   c) *Hassid*, o piedoso, e *sadik*, o justo.
   d) Existem muitos conceitos relacionados à justiça, porém o *hassid*, o piedoso, e o *sadik*, o justo, não fazem parte da caridade.
   e) Os dois conceitos são *sadik*, o piedoso, e *hassid*, o justo.

3. Analise as afirmações a seguir e marque V para a(s) verdadeira(s) e F para a(s) falsa(s).
   I. A caridade de Deus para com o povo encontra-se no chamado de Moisés neste texto de Gênesis (12,1): "Saia de sua terra, do meio dos seus parentes e da casa do seu pai e vá para a terra que eu lhe mostrarei".
   II. A caridade de Deus para com o povo no Antigo Testamento encontra-se neste texto do Êxodo (3,7-8): "Javé disse a ele: 'Eu vi muito bem a miséria do meu povo que está no Egito. Ouvi o seu clamor contra seus opressores, e conheço os sofrimentos'".

Mas Deus não tinha intenção de libertar o povo; quem tinha intenção de libertá-lo era Aarão.

III. A caridade para com o povo por parte de Deus não existe na Bíblia; ela foi criada para mobilizar o povo em busca da libertação.

IV. A caridade de Deus para com o povo se encontra no texto do Êxodo (3,7-8): "Javé disse a ele: 'Eu vi muito bem a miséria do meu povo que está no Egito. Ouvi o seu clamor contra seus opressores, e conheço os sofrimentos. Por isso, desci para libertá-los do poder dos egípcios".

Agora, assinale a alternativa que apresenta a sequência correta:
a) V, F, F, F.
b) F, V, V, F.
c) V, F, V, F.
d) F, F, F, V.
e) V, V, V, F.

4. A vida pública de Jesus era carregada de imagens de caridade, entre as quais se destaca a de:
a) Jesus como imperador.
b) Jesus como bom pastor.
c) Jesus como sofredor.
d) Jesus como pacificador.
e) Jesus não tinha imagem, pois é filho de Deus.

5. Quais são os princípios de caridade na comunidade nascente?
a) O ensinamento dos apóstolos, a comunhão fraterna com os ricos, a fração do pão (eucaristia) e as caminhadas ao templo.
b) O ensinamento dos apóstolos, a comunhão fraterna, o trabalho no campo e o batismo das crianças.

c) Apenas o ensinamento dos apóstolos, pois não havia outros princípios.
d) O ensinamento dos apóstolos e a intimidade com Jesus.
e) Os ensinamentos dos apóstolos, a comunhão fraterna, a fração do pão (eucaristia) e as orações.

Atividades de aprendizagem

Questões para reflexão

1. Visite uma Igreja e faça uma entrevista com o padre da paróquia. A entrevista deve tratar das atividades de caridade, identificando-se que tipo de caridade é realizado na paróquia e a quem ela é direcionada. Conheça o espaço específico da caridade na estrutura da paróquia.

2. Realize uma pesquisa sobre as pessoas que se beneficiam da caridade que você pratica e, em seguida, escreva um parágrafo sobre a natureza de sua caridade.

Atividade aplicada: prática

1. Partilhe as reflexões suscitadas em sua entrevista com pessoas de seu convívio, analisando os seguintes aspectos: Por que a Igreja pratica a caridade? Quem são os destinatários da caridade? O que de fato tocou em você depois da entrevista?

2
O ser humano e a necessidade de ajudar o próximo

Compreender o ser humano não é uma tarefa tão fácil, pois se trata de um ser complexo e passível de múltiplas interpretações. Mas o que nos interessa nesta abordagem é a dimensão solidária que ele carrega dentro de si para ajudar os outros. De modo geral, ajudar um necessitado é um fenômeno universal, isto é, todos os povos desenvolveram a dimensão da caridade, porém a intensidade da ajuda muda conforme a cultura ou a situação. Reconhecer o ser humano como um irmão e procurar uma amizade social não são meras utopias ilusórias. Esse caminho exige uma decisão e a capacidade de encontrar os percursos eficazes que assegurem sua real possibilidade. Assim, podemos identificar que essas relações nos conduzem a reconhecer a universalidade da fraternidade.

A fraternidade universal e a amizade existem em todas as sociedades e podemos afirmar que são dois polos inseparáveis e essenciais. Para favorecer o desenvolvimento de uma comunidade mundial que consiga pôr em prática a fraternidade, é necessário que a política seja colocada a serviço do bem comum. O objetivo é criar uma irmandade universal entre os povos de culturas e religiões diferentes.

A análise sobre a fraternidade universal, que é outro aspecto da caridade, leva-nos a aprofundar e conhecer suas raízes. Em primeiro lugar, é interessante notar a origem da palavra. De acordo com Moniz (2016, p. 682), "a etimologia do vocábulo *caridade* que se encontra nas expressões latinas *carus [...]* e *caritas [...]* que pretenderiam demonstrar o sentimento de um indivíduo com um objeto que lhe era altamente querido, estimado ou amado por causa do seu valor".

Todavia, os primeiros cristãos compreenderam muito bem o valor da caridade e, ao terem uma vez a experiência profunda de Deus, conseguiram direcioná-la aos outros. Nesse sentido, a ação caritativa da Igreja possibilita aos indivíduos conhecer as situações mais vulneráveis, como pobreza, violência, abusos de naturezas diferentes, e permite à Igreja sair de si para desenvolver a compaixão em relação a tais situações.

Tendo em vista esse contexto, neste capítulo, trataremos, em primeiro lugar, da questão de conhecer quem é o próximo que necessita da caridade. Para tal propósito, buscaremos pistas na encíclica *Fratelli Tutti*. Na sequência, abordaremos os três aspectos da caridade: justiça, solidariedade e bem comum, para uma melhor compreensão da dimensão da caridade cristã.

2.1 Definindo o próximo

Quem é o próximo? A resposta para essa interrogação está nas fontes bíblicas, que estão carregadas de imagens de caridade, como as do samaritano que ajuda, do pastor que guia, do semeador que espera. Quando se trata dessas imagens, é bom lembrar que o conceito principal da proposta de Jesus e sua doutrina é estabelecer o reino de Deus. Entende-se que o reino de Deus contempla o bem-estar de todos em todas as dimensões, em que todos são incluídos. Jesus mesmo desenvolveu essa inclusão com base nas três dimensões. Em primeiro lugar, ele deu importância à cura física – curou o paralítico, o cego e pessoas com diversas enfermidades físicas. Em segundo lugar, ele também fez as curas espirituais e morais – dando dignidade à mulher adúltera, ficou na casa de Zaqueu. Em terceiro lugar, fez milagres na natureza, quando acalmou a tempestade. Assim, o reino de Deus que Jesus propõe abrange o bem-estar de três campos: a saúde física, a saúde moral e espiritual e, finalmente, a saúde da natureza.

Contudo, aqui, vamos examinar como se estabelece a compreensão do próximo, aquele que necessita de nossa ajuda, no reino de Deus. Os evangelhos apresentam em diversos episódios a dimensão do próximo, porém o próximo necessitado. O melhor exemplo dessa natureza é a parábola do bom samaritano, que também foi explorada extensivamente no conteúdo da encíclica *Fratelli Tutti* (*Todos somos irmãos*), do Papa Francisco. Portanto, vamos trabalhar, de forma sucinta, o conteúdo dessa encíclica para analisar a imagem do próximo, o necessitado.

2.1.1 Encíclica Fratelli Tutti

É fundamental contextualizar a encíclica *Fratelli Tutti* e considerar que suas raízes se encontram em outra encíclica, *Evangelii Gaudium*, que abre como um convite "para uma nova etapa evangelizadora marcada por esta alegria" e indica "caminhos para o percurso da Igreja nos próximos anos" – itinerário (EG, n. 1). Trata-se de nova etapa de evangelização: "Evangelizar é tornar o Reino de Deus presente no mundo" (EG, n. 176). Papa Francisco inicia sua jornada pontifical apontando que a caridade começa dentro da própria casa do indivíduo, pois a alegria do evangelho não é um conceito, mas uma experiência, que deve ser vivida com os gestos concretos que muitas vezes são traduzidos na ação caritativa da Igreja.

Observamos que as encíclicas escritas pelo Papa Francisco não podem ser lidas de forma isolada, pois existe uma sequência em seu pensamento. A *Evangelii Gaudium* trata da alegria do evangelho no interior da Igreja, principalmente entre os pastores que conduzem os fiéis. A encíclica *Laudato Si'* apresenta a preocupação com nossa relação com o planeta. A publicação de *Amoris Laetitia* contempla a relação no interior da família, dando espaço para a fraternidade universal na encíclica *Fratelli Tutti*. O documento *Fratelli Tutti* pode ser entendido como um convite à resolução de conflitos que pensávamos já terem sido superados, mas que na verdade se fortalecem pela criação de novas formas de egoísmo e de perda do sentido social. Não é possível contentar-se com o que já se obteve no passado nem querer gozá-lo como se essa situação nos levasse a ignorar que muitos de nossos irmãos ainda sofrem situações de injustiça que nos interpelam a todos (FT, n. 11).

O momento histórico pelo qual a humanidade passava no momento da publicação do texto foi o da pandemia de covid-19.

Curiosidade

No final do ano 2019, surgiu na China um vírus que avançou para todos os países já no início do ano 2020, afetando as diversas camadas da população e tirando a vida de milhões de pessoas.

Essa situação pandêmica levou a humanidade a praticar inúmeros gestos de caridade. A relevância da encíclica nos faz olhar os contextos de forma compassiva. O texto da encíclica reflete o que humanidade estava vivendo. A pandemia não é o cerne dessa encíclica, mas a realidade da pandemia num olhar mais amplo, em que existem os tempos de incerteza e o sentido de solidão.

O Papa Francisco, já na abertura da encíclica, aborda as sombras de um mundo fechado, introduzindo o leitor na dinâmica da realidade. Ao longo do documento, percebemos que o texto nos convoca, nos interpela para nos mantermos atentos a alguns aspectos da realidade que dificultam o desenvolvimento da fraternidade. É possível perceber na encíclica uma marca franciscana, relacionada à espiritualidade e à interpelação. A fraternidade e a amizade social são temas importantes para toda a Igreja nos tempos atuais, em que tudo parece andar na escuridão. Assim, a questão de definir o próximo se resolve na encíclica quando esta apresenta e contextualiza a parábola do bom samaritano.

2.1.2 Um estranho no caminho

Um dos exemplos apresentados na encíclica é o da parábola do bom samaritano, que se encontra no Evangelho de Lucas (Lc 10,25-37). Toda a análise do texto gira ao redor de uma figura para mostrar quem é de fato o próximo.

> [25] E eis que se levantou certo doutor da lei, tentando-o e dizendo: Mestre, que farei para herdar a vida eterna? [26] E ele lhe disse: Que está escrito na lei? Como lês? [27] E, respondendo ele, disse: Amarás ao Senhor, teu Deus, de todo o teu coração, e de toda a tua alma, e de todas as tuas forças, e de todo o teu entendimento e ao teu próximo como a ti mesmo. [28] E disse-lhe: Respondeste bem; faze isso e viverás. [29] Ele, porém, querendo justificar-se a si mesmo, disse a Jesus: E quem é o meu próximo? [30] E, respondendo Jesus, disse: Descia um homem de Jerusalém para Jericó, e caiu nas mãos dos salteadores, os quais o despojaram e, espancando-o, se retiraram, deixando-o meio morto. [31] E, ocasionalmente, descia pelo mesmo caminho certo sacerdote; e, vendo-o, passou de largo. [32] E, de igual modo, também um levita, chegando àquele lugar e vendo-o, passou de largo. [33] Mas um samaritano que ia de viagem chegou ao pé dele e, vendo-o, moveu-se de íntima compaixão. [34] E, aproximando-se, atou-lhe as feridas, aplicando-lhes azeite e vinho; e, pondo-o sobre a sua cavalgadura, levou-o para uma estalagem e cuidou dele; [35] E, partindo ao outro dia, tirou dois dinheiros, e deu-os ao hospedeiro, e disse-lhe: Cuida dele, e tudo o que de mais gastares eu te pagarei, quando voltar. [36] Qual, pois, destes três te parece que foi o próximo daquele que caiu nas mãos dos salteadores? [37] E ele disse: O que usou de misericórdia para com ele. Disse, pois, Jesus: Vai e faze da mesma maneira.

A parábola do bom samaritano é uma forma de paradigma da humanização de nossas relações, e isso é tornar o reino de Deus visível no mundo, pela evangelização. O ponto central do ensinamento está em duas regras: "Amarás, pois, o Senhor, teu Deus, de todo o teu coração, de toda sua alma, e de todo o teu entendimento e de toda tua força" e "Amarás o teu próximo como a ti mesmo" (Mc 12,30). O ser humano sempre está a caminho e no caminho pode encontrar o inesperado: um assaltante agressivo, uma pessoa violenta, que pode complicar-lhe a vida.

Passam o sacerdote e o levita indiferentes em relação ao ferido, o que nos leva a algumas conclusões:

1. Pretende-se que o determinismo e o fatalismo justifiquem a indiferença.
2. A sociedade tende a descartar o próximo.
3. O mundo permite a exclusão.
4. Existe um desinteresse social e político.
5. Considera-se a relevância da origem do indivíduo (o fato de ter sido estrangeiro).

Fratelli Tutti nos chama a ser parte ativa na reabilitação das sociedades feridas. O amor não se importa se o irmão ferido é daqui ou de lá, ele rompe as fronteiras e constrói pontes. E, quando o inesperado nos complica a vida, porque nos custa muito perdoar, nossa tendência é a de nos afastarmos. Ser samaritano não é algo natural, é uma mística a ser cultivada.

O hospedeiro nos diz que não devemos ser samaritanos sozinhos. Somos convidados a nos reunir e nos encontrar em um "nós" mais forte do que a soma de pequenas individualidades; lembremo-nos de que "o todo é mais do que a parte e também é mais do que a mera soma deles" (FT, n. 78). É um itinerário pedagógico: ético, criativo, caridoso, audaz, profético, sapiencial. Assim, a parábola nos apresenta o próximo como aquele que prestou ajuda ao necessitado, abrindo a possibilidade de encontrar o próximo que faz algo em outros contextos.

Dessa forma, podemos resumir o conteúdo da encíclica em três apontamentos:

1. *Fratelli Tutti* propõe que podemos fazer uma "política melhor" com base no amor fraterno. Tal afirmação seria considerada ilusória ou demagógica se não se tratasse do testemunho pessoal de Francisco, marcado pela humildade e pela ternura explícita para com os excluídos e os que sofrem, tornando críveis a esperança e a inspiração na luta por uma sociedade melhor.
2. A encíclica está fortemente embasada na Doutrina Social da Igreja (DSI) precedente ao magistério do Papa Francisco. Ela mostra como a ideologia neoliberal de autorregulação dos mercados e a ideologia nacional-populista, de autodefesa de um grupo social ou nacional contra um mundo hostil, são manifestações políticas do individualismo moderno – e nisso estão em desacordo com os ensinamentos cristãos.
3. Papa Francisco permanece firme em sua fé no diálogo e na construção de uma "cultura do encontro", que viabilize a construção de um mundo mais fraterno e solidário. Isso se faz com as relações e desenvolve a caridade.

A escolha da encíclica *Fratelli Tutti* para abordar a caridade foi proposital e consciente. O título da obra apresenta os múltiplos rumos da caridade nos tempos contemporâneos. O texto mostra o mundo atual com as distintas realidades. Olhando o mundo, percebemos que existem os excluídos, os pobres, os injustiçados e os marginalizados, assim como existem as situações de calamidade da natureza, a violência religiosa, as guerras de interesses e a exploração indevida da natureza, que demandam a ação caritativa da Igreja coletiva e individual. Outros aspectos mais sutis, como racismo, conflitos entre os humanos e desconfiança dos conteúdos religiosos, levaram o papa a publicar essa encíclica. Portanto, percebemos que o objetivo principal do documento é construir uma irmandade e indicar que o caminho para isso é a caridade. Porém, não é simplesmente a caridade de gestos, mas a de atitudes. É nessas atitudes que descobrimos o necessitado, o próximo.

2.2 Justiça e o próximo

Os documentos da Igreja, principalmente aqueles que tratam dos problemas sociais, assumem a justiça como um valor fundamental, decorrente da própria fé, e rejeitam as desigualdades e as iniquidades. O conceito clássico de justiça a considera uma virtude própria da vida em sociedade e adquire, por esse motivo, um valor geral entre as virtudes, na medida em que a vida moral do indivíduo se insere no quadro da sociedade, consistindo na permanente e firme vontade de dar a Deus e ao próximo o que lhes é devido (CNBB, 2013, n. 1807). Do ponto de vista subjetivo, ela consiste em reconhecer o outro como pessoa e, do ponto de vista objetivo, constitui-se em critério determinante da moralidade nos âmbitos interpessoal e social. Nesse sentido, observamos que a justiça se configura, ao mesmo tempo, nos campos moral e legal. Embora seja por vezes representada com os olhos vendados, ela deve estar sempre vigilante, uma vez que precisa equacionar direitos e deveres dos cidadãos.

A virtude da justiça se encontra na base da ordem social, como salvaguarda da dignidade humana. Ser "justo" hoje significa dar o valor exato às pessoas e às coisas; aquele que age com retidão; ama o direito; observa as leis conforme a verdade. Vejamos textos bíblicos em que se evidencia a preocupação com a justiça.

O Antigo Testamento trata a justiça sob olhares diferentes. Para resolver o problema de pobreza, aponta: "Não oprimirás um assalariado pobre, necessitado, seja ele um dos teus irmãos ou um estrangeiro que mora em tua terra, em tua cidade. Pagar-lhe-ás o salário a cada dia, antes que o sol se ponha, porque ele é pobre e disso depende a sua vida." (Dt 24,14s).

Com relação à justiça social, a Bíblia afirma: "Porque oprimis o fraco e tomais dele um imposto de trigo, construístes casas de cantaria, mas não as habitareis; plantastes vinhas esplêndidas, mas não bebereis o seu vinho. Pois eu conheço vossos inúmeros delitos e vossos enormes pecados! Eles hostilizam o justo, aceitam suborno, e repelem os indigentes à porta!" (Am 5,11-13). Continuando essa reflexão, podemos ainda destacar: "Vendem o justo por prata e o indigente por um par de sandálias. Eles esmagam sobre o pó da terra a cabeça dos fracos e tornam torto o caminho dos pobres" (Am 2,6s).

Assim, os autores do Antigo Testamento, usam diversas formas para definir a justiça: **justiça legal**, que compromete todos os indivíduos em vista do bem comum; **justiça distributiva** ou **jurídica**, que compromete as autoridades para que exerçam com equidade a distribuição dos direitos e deveres; **justiça cumulativa** ou **de misericórdia**, que compromete as pessoas entre si, indicando que se deve dar ao outro o que lhe é devido; e **justiça social**, que é aquela pela qual todos os indivíduos são responsáveis, de modo a se construir uma sociedade justa, fraterna e solidária.

2.2.1 Justiça social

A justiça social traz consigo uma enorme gama de obrigações, tanto por parte dos empregadores quanto por parte dos trabalhadores, pois pertence à própria essência da justiça social exigir de cada indivíduo tudo o que é necessário para o bem comum (DR, n. 51).

A justiça social é contemplada em diversos campos:

> Para satisfazer as exigências da justiça e da equidade, deve-se esforçar vigorosamente para que, respeitando-se os direitos da pessoa e o caráter próprio de cada povo, se suprimam, o mais depressa possível, as acentuadas diferenças econômico-sociais que hoje existem e crescem com frequência ligada à discriminação individual e social. (Pontifício Conselho "Justiça e Paz", 2000, p. 159, n. 293)

A justiça e a equidade exigem também que a mobilidade, necessária a uma economia em desenvolvimento, seja organizada de tal modo que as vidas dos indivíduos e de suas famílias não se tornem instáveis e precárias. Deve-se evitar cuidadosamente qualquer discriminação, quanto às condições de remuneração e de trabalho, em relação a trabalhadores provenientes de outra nação ou região, que cooperam com sua obra para a promoção econômica de um povo ou território. Todos os indivíduos, e as autoridades públicas em primeiro lugar, devem tratar os operários como humanos e não simplesmente como meros instrumentos de produção. As famílias dos operários muitas vezes moram em lugares distantes e devem receber uma habitação decente no lugar do trabalho, recebendo toda a ajuda para se integrarem na sociedade, com o povo e na região de acolhida numa forma adequada. Contudo, na medida do possível, devem ser criadas fontes de trabalho nas próprias regiões de origem.

2.2.2 Justiça e misericórdia

O contexto da justiça no âmbito cristão abre espaço para a compaixão se transformar em misericórdia. Esses dois aspectos são fundamentais na elaboração da caridade, sendo que a compaixão é um sentimento que surge no indivíduo quando ele percebe uma situação em que uma pessoa necessita de ajuda. A misericórdia é o gesto concreto que ele elabora em relação a essa situação. Assim, quando a compaixão e a misericórdia se encontram, a caridade acontece e a justiça prevalece. "A justiça restaura, não destrói; e antes que impelir à vingança reconcilia. Se observa bem, a sua raiz última está situada no amor, que tem a sua expressão mais significativa na misericórdia. Por isso a justiça, separada do amor misericordioso, torna-se fria e cruel. (*Mensagem para o Dia Mundial da Paz de 1998*, n. 1)" (Pontifício Conselho "Justiça e Paz", 2000, p. 161, n. 295).

Por isso, percebemos que o dever mais importante da justiça é o de permitir a cada país promover seu próprio desenvolvimento, no sistema de uma cooperação isenta de todo o espírito de domínio, econômico e político. Como aponta a *Octogesima Adveniens*,

> Certamente que a complexidade dos problemas levantados é grande no atual emaranhado atual das interdependências. Impõe-se também ter a coragem necessária para empreender uma revisão das relações entre as nações, quer se trate da repartição internacional da produção, de estrutura das permutas, de verificação dos lucros, de sistema monetário, – sem esquecer as ações de solidariedade humanitária – de pôr em questão os modelos de crescimento das nações ricas, para transformar as mentalidades abrindo-as no sentido da prioridade do dever internacional e para renovar os organismos internacionais, em vista de uma maior eficácia. (OA, n. 43)

A autêntica misericórdia é, por assim dizer, a fonte mais profunda da justiça. Sendo apta para arbitrar entre os homens, a justiça procede à repartição dos bens entre os seres humanos; o amor, aquele amor benigno a que chamamos de *misericórdia*, é capaz de restituir o homem a si próprio. A misericórdia, entendida como a perfeita encarnação da igualdade entre os seres humanos e autenticamente cristã, também é considerada a encarnação mais perfeita da justiça, na medida em que esta, em seu campo, visa ao mesmo resultado.

2.3 Solidariedade e o próximo

A solidariedade é outro aspecto intimamente vinculado à caridade. Em sua encíclica *Fratelli Tutti*, o papa nos chama para a prática da solidariedade. Vivemos num mundo com relações humanas rompidas. O mundo carece de relações harmoniosas. A sociedade indica que alguma coisa não vai bem. O Papa Francisco fala para o mundo. Ele fala para todas as pessoas, inclusive para as que não são católicas.

A solidariedade é um princípio social e uma virtude moral da vida em sociedade, sob a qual o ser humano deve contribuir com os seus semelhantes para o bem comum, em todas as instâncias. A dimensão intrínseca de sociabilidade da pessoa humana confere igual dignidade e direitos como caminho comum de solidariedade entre pessoas, povos e estruturas sociais (LS, n. 13). O termo *solidariedade*, empregado pelo Magistério, exprime a exigência de reconhecer, no conjunto dos liames que unem as pessoas e os grupos sociais entre si, o espaço oferecido à liberdade humana para prover o crescimento comum, compartilhado por todos (Pontifício Conselho "Justiça e Paz", 2006, p. 66, n. 194).

À luz da fé, a solidariedade tende a superar-se a si mesma, a revestir-se das dimensões especificamente cristãs da gratuidade total, do perdão e da reconciliação. O próximo, então, não é só um ser humano com os seus direitos e sua igualdade fundamental em relação a todos os demais, mas torna-se a imagem viva de Deus Pai, resgatada pelo sangue de Jesus Cristo e tornada objeto da ação permanente do Espírito Santo. Por isso, ele deve ser amado, ainda que seja inimigo, com o mesmo amor com que o ama o Senhor, pois "Nisto conhecemos o que é o amor: Jesus Cristo deu a sua vida por nós, e devemos dar a nossa vida por nossos irmãos" (1Jo 3,16).

Em alguns contextos, como o de extrema pobreza, a solidariedade é uma substituição da expressão tradicional de caridade social, muitas vezes entendida como assistência social. É o amor desinteressado pela pessoa humana motivado pela sua dignidade. É o amor a Deus, e o amor ao próximo, enquanto imagem de Deus. Entre os outros deveres que acompanham a solidariedade está a compaixão. Algo desperta em nós certa dor, a infelicidade, certa inquietação em relação ao outro. A tradição religiosa budista se fundamenta no valor da compaixão e, com base nesse conceito, elabora suas atividades caritativas, motivando, assim, o indivíduo a participar no sofrimento do outro. Dessa forma, surge a promoção humana, que impulsiona o outro a se ajudar a si próprio, a ser o agente de sua libertação, colaborando com ele na eliminação das causas que o mantêm em sua condição sub-humana.

À luz da fé, a solidariedade reveste-se de dimensões especificamente cristãs: o próximo não é somente um ser humano com direitos iguais aos demais – é também um ser criado à imagem e semelhança de Deus. A solidariedade é uma virtude humana, mas também é um dom cristão que corresponde ao seguimento de Jesus Cristo e à ação do Espírito Santo.

2.3.1 Solidariedade e bem comum

O princípio do bem comum está relacionado ao desenvolvimento integral do ser humano e afeta todos os membros de uma sociedade. A solidariedade não é um sentimento de compaixão vaga ou de enternecimento superficial pelos males sofridos por tantas pessoas próximas ou distantes. Pelo contrário, é a determinação firme e perseverante de se empenhar pelo bem comum, ou seja, pelo bem de todos e de cada um, porque todos nós somos verdadeiramente responsáveis por todos. Como evidencia a encíclica *Sollicitudo Rei Socialis*,

> A solidariedade, portanto, deve contribuir para a realização deste desígnio divino, tanto no plano individual como no da sociedade nacional e internacional. Os "mecanismos perversos" e as "estruturas de pecado", de que falámos, só poderão ser vencidos mediante a prática daquela solidariedade humana e cristã, a que a Igreja convida e que ela promove incansavelmente. Só desta maneira muitas energias positivas poderão soltar-se inteiramente, em prol do desenvolvimento e da paz. (SRS, n. 39)

Assim, observamos que a solidariedade e o bem comum devem andar de mãos dadas para que ocorra a ação caritativa. Não importa qual seja a religião, o foco deve ser o bem-estar de todos. A Mensagem para o Dia Mundial da Paz de 1986 sustenta essa afirmação:

> Com um espírito de solidariedade e mediante os instrumentos do diálogo, aprenderemos: a respeitar cada pessoa humana; a respeitar os valores autênticos e as culturas dos outros; a respeitar a autonomia legítima e a autodeterminação dos outros; a olhar para além de nós mesmos, a fim de compreender e apoiar o que há de bom nos outros; a contribuir com os próprios recursos para a solidariedade social em favor do desenvolvimento e do crescimento, que promanam da equidade e da justiça; e a construir estruturas que proporcionem à solidariedade social e ao diálogo serem características permanentes do mundo em que vivemos. (João Paulo II, 1985, n. 5)

A solidariedade exige uma atitude coletiva que tem por objetivo o resgate da dignidade humana diante de situações de vulnerabilidade. Provoca a participação e a inclusão dos sujeitos. Para João Paulo II, ser solidário implica uma "determinação firme e perseverante de se empenhar pelo bem comum", em busca da justiça social e da fraternidade.

Tal atitude vai além da postura de ajuda ao outro – considera a concepção de mundo, de ser humano e de sociedade em que se acredita e que determina o agir do outro.

2.3.2 Solidariedade como dever das nações

Todo cristão tem o dever de ser solidário. Aliás, um povo que professa sua fé em Jesus Cristo deve testemunhar sua fé na promoção do outro, seja ele um sujeito, seja toda uma nação. Assim afirma a constituição dogmática *Gaudium et Spes*: "é dever muito grave dos povos desenvolvidos ajudar os que estão em vias de desenvolvimento" (GS, n. 86). É necessário pôr em prática esse ensinamento do Concílio Vaticano II. Se é normal que uma população seja a primeira a se beneficiar dos dons que a Providência lhe concedeu como fruto de seu trabalho, é também certo que nenhum povo tem o direito de reservar suas riquezas para seu uso exclusivo. Cada povo deve produzir mais e melhor para dar aos seus um nível de vida verdadeiramente humano e, ao mesmo tempo, contribuir para o desenvolvimento solidário da humanidade.

Perante as necessidades crescentes dos países pobres e em razão de economia global excludente, deve-se considerar normal que um país evoluído utilize uma parte de sua produção para socorrer esses países e que também forme educadores, engenheiros, técnicos e sábios que ponham a ciência e a competência a favor desse povo.

2.4 Bem comum e o próximo

A dimensão social e comunitária do bem moral é resultado do reconhecimento da dignidade e igualdade de todas as pessoas em seu pleno sentido. Essa verdade implica como consequência não uma simples convivência harmoniosa da vida social e relacional, mas a busca incansável de modo prático, e não só ideal, do bem ou do sentido e da verdade (Pontifício Conselho "Justiça e Paz", 2006, p. 58, n. 165).

A primazia do bem comum está em íntima relação com a dignidade humana, que envolve três áreas distintas e complementares. Em primeiro lugar, quando falamos de bem comum, estamos lidando com a prioridade sobre os bens particulares. A segunda dimensão é a responsabilidade do Estado em promover o bem comum. Finalmente, em terceiro lugar, todos devem ter as condições adequadas para viver de acordo com sua dignidade.

Bento XVI estabelece o conceito de bem comum para além da dimensão ético-social, destacando sua dimensão teológica, pois ele se torna a realização concreta da caridade, já que é resultado de um amor que procura dar respostas às necessidades reais do próximo. "Ama-se tanto mais eficazmente o próximo, quanto mais se trabalha em prol de um bem comum que dê resposta também às suas necessidades reais (CV, n. 7). Assim, é preciso esclarecer que o bem comum não é meramente a somatória dos interesses individuais, mas consiste naquilo que é mais importante para todos, sempre considerando nessa perspectiva os mais frágeis da sociedade.

Por *bem comum* é preciso entender "o conjunto daquelas condições da vida social que permitem aos grupos e a cada um dos seus membros atingirem de maneira mais completa e desembaraçadamente a própria perfeição" (GS, n. 26). O bem comum interessa à vida de todos. Exige a prudência da parte de cada um, e mais ainda da parte dos que exercem a autoridade. Continuando o mesmo raciocínio, a Agenda Social destaca três elementos como os mais importantes e essenciais:

> Supõe, em primeiro lugar, o respeito pela pessoa como tal. Em nome do bem comum, os poderes públicos são obrigados a

respeitar os direitos fundamentais e inalienáveis da pessoa humana. A sociedade é obrigada a permitir que cada um dos seus membros realizarem a sua vocação. Em particular, o bem comum consiste nas condições para exercer as liberdades naturais indispensáveis ao desabrochar da vocação humana: "Tais são o direito de agir segundo com a norma de sua consciência, o direito à proteção da vida particular e à justa liberdade, também em matéria religiosa" (GS, n. 26).

Em segundo lugar, o bem comum exige o bem-estar social e o desenvolvimento do próprio grupo. O desenvolvimento é o resumo de todos os deveres sociais. É claro, cabe à autoridade servir de árbitro, em nome do bem comum, entre os diversos interesses particulares. Mas ela deve tornar acessível a cada um aquilo de que precisa para levar uma vida verdadeiramente humana: alimento, vestuário, saúde, trabalho, educação e cultura, informação conveniente, direito de fundar um lar etc.

Por fim, o bem comum envolve a paz, isto é, uma ordem justa, duradoura e segura. Supõe, portanto, que a autoridade assegure, por meios honestos, a segurança da sociedade e a dos seus membros, fundamentando o direito à legítima defesa individual e coletiva. (*Catecismo da Igreja Católica*, nn. 1906-1909) (Pontifício Conselho "Justiça e Paz", 2000, p. 86, n. 167)

2.5 Relações sociais e o próximo

Um dos elementos mais sagrados no desenvolvimento da caridade é a qualidade das relações entre os seres humanos. Isso exige a promoção da amizade social, que implica não só a aproximação entre grupos sociais distantes ou pessoas de culturas e religiões diferentes, mas também a busca de um renovado encontro com os setores mais pobres e mais necessitados da sociedade. O Papa Francisco afirmou diversas vezes em suas peregrinações ou visitas papais sobre as relações: "um princípio que é indispensável para construir a amizade social: a unidade é superior ao conflito. (...) Não é apostar no sincretismo ou na absorção de um no outro, mas na resolução em um plano superior que preserva em si as preciosas potencialidades das polarizações em contraste" (FT, n. 245).

Um reconhecimento básico e essencial é dar o valor adequado para a pessoa humana em qualquer circunstância. No mundo globalizado, o pobre é visto como aquele que está vivendo sobre as costas dos ricos e sempre é dependente dos outros. Contudo, a doutrina e a caridade cristãs apresentam o amor ao outro por ser quem ele é e nos move a buscar o melhor para a vida dele. Só no cultivo dessa forma de se relacionar faremos possível a amizade social que não exclui ninguém e a fraternidade aberta a todos. Porém, as bases da amizade e da fraternidade social estão no amor que se estende para além das fronteiras, que é universal e que podemos identificar em todas as culturas e todos os povos.

As questões relacionadas com a fraternidade e amizade social sempre estiveram nas preocupações do Papa Francisco. Em diversas encíclicas ele faz referência a essas questões para que Igreja esteja motivada para desenvolver a atitude de compaixão. Em face das diversas e atuais formas de eliminar ou ignorar os outros, sejamos capazes de reagir com um novo sonho de fraternidade e amizade social que não se limita a palavras. Nesse sentido, o Pastor se torna um bom exemplo para suas ovelhas ouvirem a voz e o seguirem com fidelidade.

Síntese

Ao longo do capítulo, tratamos do próximo, especialmente aquele próximo que de fato passa necessidade. Para isso, trilhamos o caminho da encíclica *Fratelli Tutti*, que apresenta o próximo por meio da parábola do bom samaritano. Além disso, foram introduzidos três aspectos importantes da caridade: justiça, solidariedade e bem comum. A justiça contempla o contexto do problema social em relação ao próximo quando se trata da caridade; a solidariedade apresenta a dimensão da misericórdia em relação ao outro; e, finalmente, o bem comum diz respeito à proposta de Jesus que seria a concretização do reino de Deus, isto é, o bem-estar de todos em todas as dimensões.

Indicação cultural

DIÁLOGOS sobre a encíclica *Fratelli Tutti* de Papa Francisco. **TV Aparecida**, 1º jul. 2021. Disponível em: <https://www.youtube.com/watch?v=2CbmJtf1iPw>. Acesso em: 5 set. 2023.

Nos Diálogos, o missionário redentorista padre Mauro Vilela conversa o sociólogo Eduardo Brasileiro sobre a encíclica *Fratelli Tutti*, do Papa Francisco. O tema abordado é a preocupação em relação aos necessitados que a encíclica chama de *irmãos*. O conteúdo apresenta o cenário do mundo na época em que o vídeo foi produzido e como fazer a ação de caridade.

Atividades de autoavaliação

1. Os dois polos essenciais e inseparáveis da sociedade são:
   a) a liberdade universal e a harmonia cósmica.
   b) a fraternidade universal e o antagonismo local.
   c) a fraternidade universal e a amizade social.
   d) a racionalidade universal e a amizade social.
   e) a fraternidade universal, porém não existem outros elementos essenciais.

2. Qual é a encíclica do Papa Francisco que define quem é o "próximo"?
   a) A encíclica *Fratelli Tutti*.
   b) A encíclica *Rerum Novarum*.
   c) A encíclica *Gaudium et Spes*.
   d) A encíclica *Evangelli Gaudium*.
   e) A encíclica *Pacem in Terris*.

3. A virtude da justiça se encontra na base da ordem social, como salvaguarda da dignidade humana. Ser "justo" hoje significa:
   a) dar o valor exato às pessoas e às coisas; agir com retidão; amar o direito; observar as leis conforme a verdade.
   b) dar valor à natureza onde não se observam as leis.
   c) dar o valor exato às pessoas e às coisas, sendo que cada indivíduo pode dar livre curso a suas ideias e vontades.
   d) dar o valor exato às pessoas e às coisas; agir com retidão; amar o direito; e não se sentir obrigado a observar as leis conforme a verdade.
   e) dar o valor exato às pessoas e às coisas, mas nunca agir com retidão nem amar o direito.

4. Qual é a definição de *solidariedade*?
   a) A solidariedade é um princípio social e uma virtude moral da vida em sociedade, permitindo que o ser humano se concentre nele mesmo e busque o bem-estar de si próprio.
   b) A solidariedade é um princípio social e uma virtude moral da vida em sociedade que exige que o ser humano contribua para a preservação natureza.
   c) A solidariedade é um princípio social e uma virtude moral da vida em sociedade que preconiza que o ser humano

contribua com seus semelhantes para o bem comum, em todas as instâncias.
   d) A solidariedade é um princípio social e uma virtude particular do ser humano.
   e) A solidariedade é um princípio social e uma virtude moral e também um conceito contraditório.

5. A primazia do bem comum envolve três dimensões distintas. Quais são elas?
   a) Prioridade sobre bens públicos; responsabilidade do Estado sobre o bem comum; e todos terem condições adequadas para viver de acordo com sua dignidade.
   b) Prioridade sobre bens particulares; responsabilidade das famílias sobre o bem comum; e todos terem condições adequadas para viver de acordo com sua dignidade.
   c) A primazia do bem comum não tem dimensões distintas, pois tudo faz parte da vida humana.
   d) Prioridade sobre bens particulares; responsabilidade do Estado sobre o bem comum; e todos terem condições adequadas para viver de acordo com sua dignidade.
   e) Prioridade sobre bens particulares; responsabilidade do Estado sobre o bem comum; e cada um buscar o próprio bem-estar.

Atividades de aprendizagem

Questões para reflexão

1. Leia o texto de Lc 10,25-37, referente ao bom samaritano que se tornou o próximo para a pessoa que sofreu o assalto. Contemple todo o cenário do caminho, o assalto, os desvios do sacerdote, o gesto do samaritano e a imagem da hospedaria. Faça um pouco

de silêncio para se sentir uno com o assaltante e o samaritano. Registre suas conclusões.

2. Considere sua experiência com a leitura sugerida e reflita: O que significa ser um bom samaritano no contexto atual?

Atividade aplicada: prática

1. Ponha em prática a experiência de se tornar um bom samaritano: faça um gesto concreto em relação ao próximo e escreva um texto contando essa experiência.

3
Destinatários da ação caritativa da Igreja

O mundo atual caminha em múltiplas direções. Por um lado, observamos os avanços tecnológicos e, por outro, experimentamos graves problemas de humanização. Os destinatários da ação caritativa são muitos em todos os continentes. A elevação numérica destes é vinculada a diversos fatores, como globalização, desastres naturais e também invenções humanas. Entre os fatores que mais se destacam em tempos recentes está a pandemia de covid-19. Com esse cenário, surgiram outras reflexões no campo da economia, sobretudo em relação aos indivíduos impossibilitados de usufruir dos benefícios econômicos. Como é possível perceber, desde os tempos antigos "o trabalho humano sempre foi a parte mais fraca na relação capital/trabalho. Além disso, a base da atividade econômica sempre foi, de uma maneira ou de outra, a exploração dos fracos e excluídos pelos fortes e poderosos" (Tracco, 2016, p. 124).

No contexto atual, a desordem pode ser observada pelo aumento da riqueza no mundo, que gera também o aumento da desigualdade social. Por um lado, há uma enorme massa de recursos gerados pela humanidade e, por outro, uma desproporcionalidade na distribuição desses recursos. Assim surge a exclusão social, que a Igreja Católica vem denunciando há séculos. A Agenda Social cita a encíclica *Mater et Magistra*, do Papa João XXIII:

> Não é, pois, de admirar que a Igreja católica, à imitação de Cristo e em cumprimento das suas disposições, tenha mantido sempre bem alto, através de dois mil anos, isto é, desde a instituição dos antigos diáconos, até os nossos tempos, a facho da caridade, não menos com os preceitos do que com os numerosos exemplos que vem proporcionando. Caridade, que ao conjugar harmoniosamente os mandamentos do amor mútuo com a prática dos mesmos, realiza de modo admirável as exigências desta dupla doação que em si resume-a doutrina social e a ação caritativa da Igreja. (*Mater et Magistra*, n. 6). (Pontifício Conselho "Justiça e Paz", 2000, p. 4, n. 4)

A inspiração para a saída dessa desordem se encontra na Palavra de Deus. Baseando-se na Sagrada Escritura, observamos que o projeto da caridade já inicia na narrativa mítica do Gênesis (Gn 1-3), escrita no século VII a.C. e editada por sábios judeus, com base em sua experiência de fé em Deus e tendo como referência mitos das duas culturas antigas, da Babilônia e do Egito. Essa narrativa pode ser vista como uma visão ou projeto para o desenvolvimento futuro do mundo. O conteúdo mais importante é como enfrentar o caos original e pôr ordem no mundo.

Depois que o Senhor começou a criar, os seres humanos, feitos à imagem de Deus, tornaram-se responsáveis por continuar a criar um mundo ordenado, gerenciando o caos do mundo. Podemos identificar já em Gn 1,1-3: "No início Deus criou o céu e a terra. Agora a terra era um vazio sem forma, havia escuridão sobre as profundezas, com um vento divino varrendo as águas. Deus disse: Que haja luz".

O projeto criativo da caridade continua até o fim do mundo – até que o Senhor revele um novo céu e uma nova terra. Da situação original do caos, ou seja, "um vazio sem forma" e "escuridão sobre as profundezas", o Senhor começou a criar um mundo ordenado: separando "luz" e "escuridão", "dia" e "noite", "humanos" e "animais". E, ao final, Deus considerou que era bom, porque havia ordem e não mais caos.

Neste capítulo, apresentaremos alguns destinatários da caridade cristã nos tempos atuais, como os doentes, os excluídos, os pobres, os vulneráveis e as pessoas que se encontram em risco. Nossa intenção é mostrar a postura da Igreja Católica em relação a esses destinatários, a forma como eles recebem o tratamento e a atitude da família cristã no que diz respeito aos cuidados para com esses grupos. Examinaremos cada grupo, de modo a identificar aqueles que recebem os benefícios da ação caritativa da Igreja.

3.1 Postura da família cristã no cuidado com os doentes

Quando se trata dos doentes, é fundamental compreender que a vida é dom de Deus. Analisando a vida pública de Jesus, percebemos que o Evangelho da vida está no centro da mensagem de Jesus. Ele mesmo disse que "eu vim para dar a vida, a vida em plenitude" (Jo 10,10). Então a missão dos cristãos ou da caridade cristã deve estar a serviço da vida plena. Nesse sentido, as *Diretrizes gerais da ação evangelizadora da Igreja no Brasil (2015-2019)* (CNBB, 2015, n. 62-63) apontam que

> A Igreja no Brasil proclama com vigor que as condições de vida de muitos abandonados, excluídos e ignorados em sua miséria e dor, contradizem o projeto do Pai e desafiam os discípulos missionários a maior compromisso a favor da cultura da vida. Ao mergulhar nas profundezas da existência humana, o discípulo missionário abrindo seu coração em louvor, por todas as criaturas, angustia-se diante de todas as formas de vida ameaçada, desde o seu início, em todas as suas etapas, até a morte natural. Na medida em que nenhuma vida existe apenas para si, mas para os outros e para Deus, este é tempo mais do que propício para a articulação e a integração de todas as formas de paixão pela vida. Só assim conseguiremos, de fato, vencer a cultura de morte.

Quem são os doentes? Existem diversas espécies de doenças. Há doenças consideradas incuráveis, porém Andrea Tornielli, em artigo para o *Vatican News*, afirma:

> Incurável não é jamais sinônimo de "incuidável": esta é a chave de leitura para compreender a carta da Congregação para a Doutrina da Fé "Samaritanus bonus", que tem como tema "cuidar das pessoas nas fases críticas e terminais da vida". O documento, diante

> de uma perda de consciência comum sobre o valor da vida e de debates públicos por vezes demasiados condicionados por casos individuais evidenciados pelas notícias, reafirma claramente que "o valor inviolável da vida é uma verdade básica da lei moral natural e um fundamento essencial da ordem jurídica". Portanto "não se pode escolher diretamente de atentar contra a vida de um ser humano, mesmo que ele ou ela ou ela o requeira". (Tornielli, 2020)

O cuidado dos doentes pode ser ministrado sob diversas perspectivas, como as do médico, do fisioterapeuta, da família e a espiritual. O Papa Francisco, em suas visitas a casas de repouso, busca considerar essas perspectivas. A ênfase é dada à pastoral do cuidado com o idoso, com muito respeito e com acompanhamento espiritual, principalmente para com aqueles que se encontram na fase final de sua vida. Existe a necessidade da presença de cuidadores que acompanhem o idoso com afeto, com terapias apropriadas e proporcionais e com assistência espiritual. Ademais, "é necessário que os Estados reconheçam a primária e fundamental função social da família 'e o seu papel insubstituível, também nesta área, fornecendo recursos e estruturas necessárias para a apoiá-la'" (Tornielli, 2020).

Grande parte das pessoas não tem acesso aos cuidados proporcionados por um hospital, o que levou o Papa Francisco a considerar que a família "sempre foi o 'hospital' mais próximo" (Tornielli, 2020). Nos últimos anos, os temas dos doentes e da natureza das doenças são discutidos tanto âmbito da Igreja como no âmbito da sociedade. Aqueles que cuidam dos doentes também passam por dificuldades, em virtude do testemunho de amor, afeto, sacrifício e dedicação deles aos doentes. De fato, essas são as experiências vividas diariamente em silêncio, muitas vezes no meio de mil dificuldades.

3.1.1 Lugar da caridade em relação aos doentes

A caridade é algo ligado intrinsecamente à natureza da Igreja, por isso ela deve ir além da mera assistência social e não deve ser delegada a terceiros. A opção da Igreja por cuidar dos doentes é uma opção cristológica, sendo que o próprio Jesus atravessou todas as estruturas para ajudar os doentes e resgatar a vida.

Como indicam também as *Diretrizes gerais da ação evangelizadora da Igreja no Brasil (2015-2019)* (CNBB, 2015, n. 66),

> Devemos evitar a tentação de ser cristãos, mantendo uma prudente distância das chagas do Senhor. Mas Jesus quer que toquemos a miséria humana e que toquemos a carne sofredora dos outros. Espera que renunciemos a procurar aqueles abrigos pessoais ou comunitários que permitem manter-nos à distância do nó do drama humano, a fim de aceitarmos verdadeiramente de entrar em contato com a vida concreta dos outros e conhecermos a força da ternura.

Nesse sentido, os doentes são prioridade na ação pastoral da Igreja em termos de cuidados.

3.2 Atitude cristã de caridade em relação aos pobres

Na história da humanidade, os pobres são vítimas de injustiça e violência, e neles está refletida a face crucificada de Jesus. Os pobres se encontram em todos os continentes, porém a natureza da pobreza muda conforme o lugar e o país. Referindo-se à pobreza na América Latina, o Documento de Aparecida aponta que na face dos pobres contemplamos a face de Jesus. Sobre a pobreza na América Latina, no contexto da teologia da libertação, Martins (2016, p. 59) evidencia que

> Os pobres na América Latina viveram uma experiência de exílio. Na sua própria terra, eles viveram como estrangeiros explorados por um poder opressor responsável por institucionalizar a violência. Na tradição bíblica, a terra é um dom de Deus para prosperidade, mas, na América Latina, se tornou um lugar de opressão e marginalização dos bens que deveriam prover uma vida digna a todos. Os pobres confiam em Deus, exatamente como salmista proclama. Eles cantam para Deus, que é a esperança de justiça que têm. Eles têm uma relação próxima com Deus, que por seu Espírito, os reúne em comunhão e, pela vida histórica do seu filho Jesus, os inspira a marchar para a libertação na história.

No contexto de promover a dignidade humana, a Igreja mostra um amor preferencial pelos pobres e marginalizados porque o próprio Jesus identificou-se de forma especial com eles (Mt 25,40). Jesus não excluiu ninguém, simplesmente deu a prioridade aos pobres, e a Igreja continua esse serviço fazendo sempre o bem. O exemplo de Jesus e de suas atitudes em relação aos pobres nos impulsiona a fazer nosso trabalho, que seria atender as imensas populações de famintos, com a assistência social e também com a esperança em um futuro melhor.

Nesse sentido, observamos que a opção preferencial pelos pobres tem seu fundamento principal em um encontro com Jesus, que nos faz discípulos que seguem seus passos. Nessa visão se encontra a abordagem da teologia da libertação. Conforme Martins (2016, p. 61),

> A teologia da libertação é a partir de baixo porque surge entre os pobres. É a partir de baixo por causa da irrupção dos pobres na história. Ela mesma é a irrupção da voz dos pobres na reflexão teológica. A teologia da libertação parte da perspectiva dos pobres e de sua experiência da fé e libertação. Ela não nega, nem

dispensa outras abordagens teológicas a fé cristã. Ela aborda todos os aspectos dessa fé a partir da perspectiva dos pobres e de sua perspectiva histórica.

Esse pensamento se inspira e se fundamenta na carta de São Tiago, (Tg 2,15): "Se um irmão ou uma irmã estiverem nus, e precisarem do alimento cotidiano e algum de vós lhes disser: ide em paz, aquecei-vos e saciai-vos, sem lhes dar o que é necessário ao corpo, de que lhes aproveitará".

As *Diretrizes gerais da ação evangelizadora da Igreja no Brasil (2015-2019)* apontam alguns mecanismos para a abordagem da pastoral em relação aos pobres:

> Ao mergulhar nas profundezas da existência humana, o discípulo missionário abrindo seu coração em louvor, por todas as criaturas, angustia-se diante de todas as formas de vida ameaçada, desde o seu início, em todas as suas etapas, até a morte natural. Na medida em que nenhuma vida existe apenas para si, mas para os outros e para Deus, este é tempo mais do que propício para a articulação e a integração de todas as formas de paixão pela vida. Só assim conseguiremos, de fato, vencer a cultura de morte.
>
> Através da promoção da cultura da vida os discípulos missionários de Jesus Cristo testemunham verdadeiramente sua fé naquele que veio dar a vida em resgate de todos, comprometendo-se de modo especial com os pobres e excluídos em vista da construção de uma sociedade justa e fraterna.
>
> Contemplando os diversos rostos de sofredores, especialmente os resíduos e "sobras" o discípulo missionário enxerga, em cada um, o rosto de seu Senhor: chagado, destroçado, flagelado (Is 52,13ss). Seu amor por Jesus Cristo e Cristo Crucificado (1Cor 1,23-25) leva-o a buscar o Mestre em meio às situações de morte (Mt 25,31-46). Leva-o a não as aceitar, sejam elas quais forem, envolvendo-se na preservação da vida. O discípulo missionário não se cala diante da vida impedida de nascer, seja por decisão individual, seja pela

legalização e despenalização do aborto. Não se cala igualmente diante da vida sem alimentação, casa, terra, trabalho, educação, saúde, lazer, liberdade, esperança e fé. Torna-se, deste modo, alguém que sonha e se compromete com um mundo onde seja, efetivamente, reconhecido o direito a nascer, crescer, constituir família, seguir a vocação, envelhecer e morrer naturalmente, crer e manifestar sua fé. (CNBB, 2015, n. 63-65)

3.2.1 Olhar sobre a pobreza social contemporânea

A pobreza no mundo está aumentando numa forma avassaladora, e esse aumento tem como causa diversos fatores. Em primeiro lugar, a pandemia que acometeu a humanidade há alguns anos levou muitas pessoas a perder seus empregos, além do fato de que muitos morreram e deixaram suas famílias privadas de renda. Em segundo lugar, existe uma má distribuição dos recursos naturais e financeiros do mundo, fazendo com que poucos tenham mais e muitos tenham pouco. Nesse contexto, algumas encíclicas apresentam propostas de como eliminar as situações de pobreza.

A caridade representa o maior mandamento social e exige o respeito aos direitos de moradia, saúde e educação, princípios de uma vida digna. Esse olhar exige uma prática da justiça e só ela nos torna capazes de alcançá-la. Muitos agentes praticam a justiça em uma vida de autodoação: "Quem procura ganhar sua vida vai perdê-la; e quem a perder vai conservá-la" (Lc 17,33).

Trilhando o caminho das encíclicas, podemos perceber que há uma necessidade de reexaminar e aprofundar, sob a luz da justiça social, os temas e as orientações que foram repetidamente ventilados pelo Magistério nestes últimos anos. Uma das principais orientações refere-se à opção ou amor preferencial pelos pobres, como aponta a *Sollicitudo Rei Socialis*:

> Trata-se de uma opção, ou de uma forma especial de primado na prática da caridade cristã, testemunhada por toda a Tradição da Igreja. Ela concerne à vida de cada cristão, enquanto deve ser imitação da vida de Cristo; mas aplica-se igualmente às nossas responsabilidades sociais e, por isso, ao nosso viver e às decisões que temos de tomar, coerentemente, acerca da propriedade e do uso dos bens. (SRS, n. 42)

A encíclica *Rerum Novarum*, de 1891, foi a primeira que apontou os problemas sociais vinculados à situação deprimente dos operários. Ao longo dos anos, a Igreja se torna consciente, como podemos observar:

> À luz da realidade contemporânea, permite apreciar a constante preocupação e dedicação da Igreja a favor daquelas categorias de pessoas, que são objeto de predileção por parte do Senhor Jesus. O próprio conteúdo do texto é um testemunho excelente da continuidade, na Igreja, daquela que agora se designa "opção preferencial pelos pobres", opção que define como uma forma especial de primado na prática da caridade cristã. (CA, n. 11)

A encíclica *Populorum Progressio* (n. 45) já alertava, na década de 1960, sobre a pobreza crescente. O documento destacou que ninguém pode imaginar que em continentes inteiros são inumeráveis os homens e as mulheres torturados pela fome e são inúmeras as crianças subalimentadas a ponto de uma grande parte delas morrer em tenra idade, além de o crescimento físico e o desenvolvimento mental de muitas outras estarem prejudicados. Por esse mesmo motivo, regiões inteiras estão condenadas ao mais triste desânimo.

É interessante notar que a Agenda Social resume a dimensão da opção da caridade social apresentando o conteúdo de duas encíclicas:

> Há hoje, sem dúvida, certo número de homens que, fiéis ecos dos pagãos de outrora, chegam a fazer, mesmo dessa caridade tão maravilhosa, uma arma para atacar a Igreja; e viu-se uma beneficência estabelecida pelas leis civis substituir-se à caridade cristã; mas esta caridade, que se dedica toda e sem pensamento reservado à utilidade do próximo, não pode ser suprida por qualquer invenção humana. Só a Igreja possui essa virtude, porque não se pode haurir senão no Sagrado Coração de Jesus Cristo, e erra-se longe de Jesus Cristo quando se está afastado da sua Igreja. (*Rerum Novarum*, n. 18)
>
> É bem claro que o dever, sempre proclamado pela Igreja, de ajudar quem se debate com a indigência e a miséria, devem-no sentir mais intensamente os católicos, pelo motivo nobilíssimo de serem membros do corpo místico de Cristo. O Apóstolo São João proclama: "Nisto conhecemos o Amor: Ele deu a sua vida por nós. E nós também devemos dar a nossa vida pelos irmãos. Se alguém, possuindo os bens deste mundo, vê o seu irmão na necessidade e lhe fecha o coração, como permanecerá nele o amor de Deus" (1 Jo 3,16-17) (*Mater et Magistra*, n. 158). **(Pontifício Conselho "Justiça e Paz", 2000, p. 85)**

Desse modo, percebemos que a caridade social sempre foi um dos pilares da Igreja, que nunca parou desenvolver suas atividades nas diferentes épocas e situações concretas. A sociedade se torna doente se uma parte dela se encontra numa situação precária de pobreza e fome.

3.3 A caridade aos excluídos

Em todas as sociedades e culturas há excluídos, desde os tempos antigos. Por exemplo, na sociedade indiana, havia os párias – pessoas de castas inferiores que exerciam as profissões consideradas profanas. No tempo de Jesus, havia os leprosos, considerados impuros e por isso excluídos. No mundo atual, a exclusão se tornou mais visível e também se estendeu por outros setores, como gênero, raça e cor. É importante observar os mecanismos que envolvem a exclusão, como indicado por Ferré (2016, p. 86):

> Muitos grupos sociais subsistem com recursos muito escassos e em condições indignas da condição humana. Às penúrias associadas à limitada satisfação de necessidades básicas deve-se acrescentar a dolorosa realidade da indiferença de outros setores sociais que, às vezes, não consideram a exclusão um problema que lhe pertença.

Quando se trata dos excluídos, a Igreja Católica apresenta seus mecanismos adequados para criar consciência sobre a situação e lidar com ela. Isso se faz durante o tempo da Quaresma, que começa na Quarta-Feira de Cinzas, e é um apelo à conversão. As comunidades se reúnem para preparar e celebrar de novo a Páscoa: a vitória de Jesus sobre o pecado e a morte. Durante esse período, é introduzido um tema social, por meio do qual a Igreja pretende atingir a consciência dos fiéis no intuito de desenvolver a caridade. Trata-se da Campanha da Fraternidade.

A Campanha da Fraternidade convoca as comunidades, há mais de 30 anos, para uma ação conjunta na vivência do amor cristão. Um dos temas apresentados foi "Os excluídos", em 1995. A preocupação da Igreja era oferecer condições dignas de vida, conforme o evangelho, a 32 milhões de brasileiros que se encontravam em situação de exclusão social. Esse tipo de iniciativa deve nos levar a refletir sobre a exclusão social, que está crescendo de forma alarmante.

3.3.1 Exclusão social

Em primeiro lugar, é fundamental partir do princípio que democracia e exclusão são situações que não podem coexistir, pois são ideias antagônicas. Quando ocorre exclusão, o grupo excluído não participa da democracia. A exclusão é reforçada pela ideia de que os próprios excluídos são os responsáveis por estarem à margem ou por carecerem de condições que lhes permitam ser aceitos nas estruturas sociais existentes.

Por isso, precisamos estar atentos à realidade da exclusão e nos tornar mais fraternos. Referindo-se a isso, Dom Luciano Almeida, antigo bispo da Diocese de Mariana, apresenta a realidade da exclusão:

> Somos chamados a "abrir os olhos" para ver o rosto dos excluídos. São muitos: moradores de rua, crianças abandonadas, idosos e esquecidos, enfermos, portadores do vírus HIV, deficientes, alcoolizados, drogados, prostituídos, encarcerados. [...] É preciso descobrir as causas econômicas, políticas, culturais e até religiosas. Criaram-se mecanismos de exclusão: a cultura de morte expulsa o nascituro, assassina menores, promove sequestros, e o tráfico de drogas. O sistema social e o modelo de desenvolvimento favorecem a ambição, concentrando renda, terra, privilégios e poder.
>
> Somos chamados a "abrir o coração" para amar como Jesus nos ensinou. A exclusão será superada na medida em que deixarmo-nos atrair pelo projeto de Deus. Jesus nos revela que o Pai misericordioso ama a todos como filhos e que, por isso, somos todos irmãos uns dos outros. "Deus não quer que se perca nenhum desses pequeninos". (Almeida, 1995)

Justamente nesse contexto precisamos compreender que "não se resolve o problema da exclusão incluindo os excluídos num sistema que continua excluindo porque sua natureza própria é ser excludente. A verdadeira solução para a exclusão é promover uma autêntica participação no sentido em que este valor é proposto pelo pensamento social da Igreja" (Ferré, 2016, p. 86).

Não faltam excluídos no contexto atual. O tema dos excluídos pode nos inspirar para a prática da caridade. A realidade contemporânea lança um forte apelo para que, com a graça divina, tenhamos a coragem e a alegria de abrir os olhos, o coração e as mãos. No final dos tempos, conforme a parábola do bom samaritano, apresentada por Jesus (Lc 10,25-37), não teremos de responder a muitas perguntas. A questão é uma só: seremos julgados pelo nosso amor aos excluídos.

3.4 Cuidados com os vulneráveis

A compreensão de quem são verdadeiramente as pessoas vulneráveis é motivo de controvérsia. Alguns grupos são tradicionalmente considerados vulneráveis, como os menores de idade, as mulheres grávidas, os prisioneiros ou detentos, as pessoas com incapacidade mental ou, como define o livreto da Conferência dos Religiosos do Brasil intitulado *Política de proteção a crianças, adolescentes e pessoas em situação de vulnerabilidade* (CRB, 2021, p. 9), "toda a pessoa em estado de enfermidade, deficiência física ou psíquica, ou de privação da liberdade pessoal que de fato, mesmo ocasionalmente, limite a sua capacidade de entender ou querer ou, em todo o caso, de resistir à ofensa".

Nesse sentido, o contexto contemporâneo abriu a possibilidade de incluir outras camadas da população no grupo das pessoas vulneráveis. Uma delas se refere às pessoas com educação limitada ou pessoas analfabetas, que podem ter dificuldades para entender as informações de forma clara. Além disso, há as pessoas com poucos recursos econômicos, que têm acesso limitado a serviços de saúde. Nos últimos anos, também foram incluídos os trabalhadores do sexo e as pessoas homossexuais na categoria de pessoas em situação de vulnerabilidade. Em alguns casos, podem ser incluídos também os usuários de drogas e as pessoas que se dedicam a atividades ilegais.

Esse é um novo olhar, entendendo-se que os vulneráveis aparecem em todas as camadas de sociedade. Além disso, nos últimos anos, as pessoas vulneráveis estão recebendo destaque especial em virtude dos acontecimentos observados durante a pandemia de covid-19. Ao passo que a sociedade começou a dar uma atenção especial a essas pessoas, a Igreja encontrou novos caminhos de elaborar a caridade.

3.4.1 Princípios da proteção de pessoas em situação de vulnerabilidade

É importante salientar alguns princípios que definem formas de proteção de pessoas em situação vulnerável. Na atualidade, existem estudos que promovem o respeito em relação a essas pessoas. A Igreja Católica, com a colaboração da Conferência Nacional dos Bispos do Brasil (CNBB) e da Conferência Nacional dos Religiosos do Brasil (CRB), inaugurou uma sede em Brasília direcionada à proteção dos menores e das pessoas vulneráveis. Esse centro tem alguns compromissos bem definidos (CRB, 2021, p. 11):

> a) adotar todas as medidas a seu alcance para evitar, no âmbito de qualquer de seus programas, projetos e ações, a ocorrência de abusos sexuais contra a crianças adolescentes e pessoas em situações de vulnerabilidade;
>
> b) dar prioridade absoluta à proteção de pessoas em situações vulnerabilidade, jamais tolerando qualquer tipo de conduta que cause ou possa causar dano a esse público;

c) estimular a comunicação de qualquer suspeita de dano decorrente da atuação de seus colaboradores, apurando-a e tomando as providências necessárias para reparar as vítimas, punir os responsáveis e evitar que episódios semelhantes voltem a ocorrer;

d) constituir uma comissão para analisar as denúncias.

Nesse sentido, há uma conscientização da sociedade e o cuidado em relação às pessoas mencionadas. A caridade cristã inicia com os princípios bem elaborados pela instituição, entre os quais podemos destacar (CRB, 2021, p. 12):

a) A proteção de criança e adolescentes e pessoas vulneráveis é responsabilidade de todos.

b) A CRB empregará seus melhores esforços para prevenir todo tipo de violência contra crianças, adolescentes e pessoas em situação de vulnerabilidade.

[...]

e) Qualquer suspeita de danos a crianças, adolescentes e adultos em situação de vulnerabilidade, independentemente da gravidade ou do nível de certeza quanto a sua efetiva ocorrência, deverá ser comunicada.

f) Todas as ações relativas à proteção devem ser adotadas no melhor interesse das crianças, adolescentes e pessoas em situação de vulnerabilidade, as quais são primordiais.

Assim, lidar com os vulneráveis é responsabilidade de todos e algo que se inicia em casa e se estende para a sociedade.

3.5 Pessoas em situações de risco

A mobilidade humana pelas diferentes regiões do mundo alcançou nas últimas décadas níveis inéditos. Essa realidade retrata alguns aspectos cruéis da situação mais ampla de vulnerabilidade em que se encontram crianças e adolescentes. O fato de que essa temática recebeu mais atenção nos últimos decênios contribuiu para avanços protetivos à infância migrante. Como apontado por Milesi, Andrade e Parise (2016, p. 67),

> Se crianças e adolescentes em geral estão expostos ao risco de se tornarem vítimas destes e outros abusos, a situação se agrava ainda mais para aqueles que se encontram em contexto de migração. Dada a magnitude do fenômeno da migração de crianças e adolescentes na América Latina, esta temática vem ganhando, desde a década de 1990, crescente espaço na agenda de governos, pesquisadores e organizações humanitárias confessionais ou não que atuam na região.

Quando uma pessoa sadia é exposta a determinados fatores, sejam ambientais, sejam hereditários, que favorecem o desenvolvimento de certas doenças, utilizamos o termo *risco*. Além disso, existem fatores de risco decorrentes das calamidades da natureza, da má administração política de uma nação ou de perseguição religiosa.

Os fatores de risco podem ser estendidos a diversas doenças, como o tabagismo e a obesidade, que podem levar ao desenvolvimento de outras doenças de risco, como câncer ou doenças cardiovasculares e respiratórias. Estudos também mostram que o consumo de álcool em excesso e o fumo desregulado podem desenvolver certos tipos de câncer nas pessoas. A exposição solar prolongada pode provocar doenças de pele e alguns hábitos alimentares e costumes de determinado ambiente social ou cultural podem provocar outras doenças de risco.

3.5.1 Situações de risco: político e religioso

Alguns países vivem situações políticas que levaram seus habitantes a uma migração de famílias em larga escala. Observamos isso, por exemplo, no Oriente Médio, especialmente na Síria, onde a instabilidade política levou milhares de famílias a migrar para a Europa e para outros países. A situação da guerra na Ucrânia também resultou na mesma experiência, uma vez que ucranianos são deslocados contra sua vontade a outros países para poderem sobreviver. Experimentamos a migração forçosa entre os venezuelanos, sendo que milhares de famílias foram acolhidas aqui no Brasil. Todas essas situações eram de risco para as famílias. A dimensão da acolhida praticada pela Igreja se tornou uma prática da caridade cristã.

No campo religioso, também podemos observar o mesmo fenômeno de risco entre as populações que foram perseguidas pela religião dominante. Alguns dos países em que ocorre esse tipo de perseguição são Afeganistão e Nigéria. Evidenciamos as matanças e o deslocamento de famílias que correm risco de vida. Assim, podemos perceber que o mundo precisa urgentemente ser humanizado.

Existem também pessoas que sofrem pelo risco iminente de calamidades da natureza. O terremoto no Haiti, por exemplo, levou milhares de habitantes desse país a migrar para o Brasil. Percebemos igualmente as intensas chuvas em algumas cidades no Brasil que causaram problemas para a vida, além da morte de centenas de pessoas. Desse modo, os fatores de risco à vida demandam um aprofundamento da caridade cristã em benefício dessas pessoas de formas diferentes. Nesse sentido, encontramos espaço para cada um seguir o bom trabalho de Jesus e desenvolver a caridade.

Síntese

Tratamos, neste capítulo, dos destinatários da caridade. Existem milhares de pessoas necessitadas de caridade. Buscamos apresentar os destinatários em diversos campos. Os pobres e marginalizados são a maioria, já que chegam a mais de um bilhão de pessoas no mundo todo e precisam de atenção especial, conforme aponta o Papa Francisco: opção preferencial pelos pobres. Identificamos os doentes e os excluídos com o exemplo específico da Campanha da Fraternidade, que promove gestos concretos para a caridade dentro da Igreja Católica.

Destacamos as pessoas vulneráveis, observando que essa população recebe mais atenção no contexto atual por causa dos abusos visíveis que ocorreram durante a pandemia do covid-19. O número de pessoas vulneráveis sempre está crescendo, e a Igreja pede uma rigorosa atenção a elas. Finalmente, apresentamos as pessoas que se encontram em situações de risco. Existem pessoas que correm risco de vida em decorrência do contexto político, de calamidades de natureza ou de perseguição religiosa.

Ressaltamos também os mecanismos usados para realizar a caridade em diversos contextos. Problemas não faltam, assim como os destinatários de caridade. É importante manter o foco da caridade com a inspiração e o exemplo do próprio Jesus. A Igreja, como uma instituição da caridade, nunca parou de trabalhar com essas pessoas, dando assim o exemplo de ser prestativa em todos os momentos e em todas as situações.

Indicação cultural

> IGREJA Católica: a maior instituição de caridade e acolhimento do mundo – Programa Na Verdade. **Rede Século 21**, 23 jun. 2020. Disponível em: <https://www.youtube.com/watch?v=Ib2DhM2swqE>. Acesso em: 8 set. 2023.

Nesse vídeo do programa Na Verdade, o foco é a ação caritativa da Igreja no Brasil.

Atividades de autoavaliação

1. O projeto criativo da caridade continua até o fim do mundo – até que o Senhor revele um novo céu e uma nova terra. Identifique o início desse projeto:
    a) Da situação original do caos, ou seja, "um vazio sem forma" e "escuridão sobre as profundezas", o Senhor começou a criar um mundo ordenado: separando "luz" e "escuridão", "dia" e "noite", "humanos" e "animais". Deus considerou que era bom, porque havia ordem e não mais caos.
    b) Da situação original do caos, ou seja, "um vazio sem forma" e "escuridão sobre as profundezas", o Senhor começou a criar um mundo ordenado, mas depois, em razão do pecado do ser humano, ordenou de novo o caos.
    c) Da situação original da ordem Deus criou o caos, ou seja, "de uma ordem criou desordem". Deus considerou que era bom, porque havia ordem e não mais caos.
    d) O mundo sempre existiu e não precisou ser criado e ordenado.
    e) Da situação original do caos, ou seja, "um vazio sem forma" e "escuridão sobre as profundezas", o Senhor começou a manter esse caos até a vinda de Jesus.

2. Analisando a vida pública de Jesus, percebemos que "o evangelho da vida está no centro da mensagem de Jesus". Ele mesmo disse: "eu vim para dar a vida, a vida em plenitude". Portanto:
    a) a caridade cristã é servir os poderosos para que eles façam bem aos outros.
    b) a caridade cristã deve estar a serviço da vida plena.

- c) a caridade cristã não tem um rumo correto.
   - d) a caridade cristã deve estar focada na conversão.
   - e) a caridade cristã deve estar a serviço dos padres e bispos.

3. Ao lançarmos um olhar sobre a pobreza social, percebemos que:
   - a) existe uma má distribuição dos recursos naturais e financeiros do mundo; poucos têm mais e muitos têm pouco, mas todos têm o que comer.
   - b) existe uma perfeita distribuição dos recursos naturais, mas ninguém consegue aproveitá-los.
   - c) existe uma má distribuição dos recursos naturais e financeiros do mundo; poucos têm mais e muitos têm pouco.
   - d) existe uma má distribuição dos recursos naturais e financeiros, mas todos conseguem viver bem.
   - e) existem muitos recursos naturais no mundo, mas estão fora do alcance dos seres humanos, por isso a humanidade tem problemas.

4. Podemos definir *pessoas vulneráveis* como:
   - a) todas as pessoas que se encontram em estado permanente de enfermidade e ninguém mais.
   - b) pessoas com deficiência física ou psíquica ou com privação da liberdade pessoal, mas também os que se encontram com boa saúde.
   - c) todas as pessoas violentas que causam desordem na sociedade.
   - d) todas as pessoas em estado de enfermidade, deficiência física ou psíquica ou com privação da liberdade pessoal que de fato, mesmo ocasionalmente, limite sua capacidade de entender ou de resistir à ofensa.
   - e) todas as pessoas do mundo são consideradas vulneráveis.

5. Como podemos definir as pessoas em situações de risco?
   a) O termo *risco* é usado para definir a chance de uma pessoa sadia, mesmo que exposta a determinados fatores, permanecer sadia a vida toda.
   b) O termo *risco* é usado para definir as pessoas expostas aos riscos durante viagens.
   c) O termo *risco* é usado para definir pessoas que arriscam a vida para proteger os outros.
   d) O termo *risco* é usado para definir as crianças.
   e) O termo *risco* é usado para definir a chance de uma pessoa sadia, quando exposta a determinados fatores, ambientais ou hereditários, desenvolver uma doença.

Atividades de aprendizagem

Questões para reflexão

1. Faça uma pesquisa sobre as pessoas vulneráveis de sua cidade ou estado e descubra os mecanismos utilizados pelas instituições de caridade para acolhê-las e tratá-las. Identifique os campos de vulnerabilidade.

2. Partilhe com os colegas os resultados da pesquisa sobre os vulneráveis e verifique se as conclusões a que eles chegaram são as mesmas que as suas.

Atividade aplicada: prática

1. Vivencie uma experiência de ajudar pessoas vulneráveis numa instituição de caridade. Em seguida, registre as conclusões a que você chegou com essa experiência.

4
Obras da caridade da Igreja no mundo

As *Diretrizes gerais da ação evangelizadora da Igreja no Brasil* têm como objetivo principal evangelizar. O ponto de referência para essa evangelização é a pessoa de Jesus Cristo, que sempre está em comunhão com o Espírito Santo e na inspiração do Pai. A Igreja, inspirada na Santíssima Trindade, trilha o caminho da evangelização como discípula, peregrina, missionária e profética, alimentada pela Palavra de Deus e pela Eucaristia. A prioridade é a opção preferencial pelos pobres, para que todos tenham vida, e o estabelecimento do reino de Deus. Papa Francisco apresentou uma exortação na encíclica *Evangelii Gaudium* indicando caminhos para o percurso da Igreja nos próximos anos e convocou toda a Igreja com três apelos: a avançar no caminho da conversão pastoral e missionária; a não deixar as coisas como estão; e, finalmente, a se constituir em estado permanente de missão (EG, n. 25).

Portanto, a Igreja, como instituição e povo de Deus, assume uma renovada consciência para continuar o trabalho da evangelização como parte da contemplação de Jesus Cristo e suas propostas do reino de Deus. Com base nessa visão, ela desenvolve o projeto de Jesus em diálogo com os contextos de Igrejas particulares, bem como com outros organismos eclesiais, conforme as orientações do Papa Francisco. Dessa forma, a "alegria do evangelho" renova profundamente as comunidades e anima continuamente o entusiasmo da ação caritativa da Igreja.

Obras não faltam, nem agentes pastorais da Igreja. O mundo está cheio de agentes fazendo sempre o bem. Basta folhear um jornal ou uma revista para encontrar a partilha de experiências de missionários e evangelizadores. Onde existe certo problema ou uma situação precária que exige a presença de alguém, lá se encontram os agentes. A Igreja Católica é uma instituição que consegue com seu apelo elaborar a dimensão social da caridade.

Neste capítulo, abordaremos as instituições de caridade e seus objetivos em relação à caridade no mundo. Em primeiro lugar, apresentaremos o valor das organizações de caridade que dão ênfase ao potencial que todos os seres humanos têm, mas que às vezes não é desenvolvido por falta de oportunidades em razão de problemas políticos e sociais. Em um segundo momento, trataremos do contexto da ação caritativa de organizações internacionais em diferentes partes do mundo. Num terceiro momento, mostraremos que o principal objetivo das instituições de caridade é estabelecer a paz no mundo.

4.1 O valor das organizações internacionais

Existem no mundo inúmeras instituições de caridade, algumas vinculadas à política da organização internacional e outras no âmbito de uma religião específica. Como aponta o Compêndio da Doutrina Social da Igreja (CDSI),

> O caminho rumo a uma autêntica comunidade internacional, que assumiu uma precisa direção com a instituição da Organização das Nações Unidas em 1945, é acompanhado pela Igreja: tal Organização contribuiu notavelmente para promover o respeito da dignidade humana, a liberdade dos povos e a exigência do desenvolvimento, preparando o terreno cultural e institucional sobre o qual construir a paz. (Pontifício Conselho "Justiça e Paz", 2006, p. 138, n. 440)

A Doutrina Social da Igreja (DSI), em geral, considera positivamente o papel das organizações intergovernamentais, em especial aquelas que tratam dos problemas específicos em relação à ação caritativa para com a humanidade. Essas organizações têm ajudado a Igreja principalmente naqueles países em que há dificuldades para realizar a caridade em virtude de problemas políticos. A Igreja sempre faz apelos e recomenda que as ações das instituições internacionais respondam às necessidades humanas na vida social e nos âmbitos relevantes para a pacífica e ordenada convivência das nações e dos povos (Pontifício Conselho "Justiça e Paz", 2006, p. 138, n. 440).

A solicitude por uma convivência ordenada e pacífica da família humana leva o Magistério a ressaltar a exigência de instituir uma autoridade pública universal, reconhecida por todos, com poder eficaz para garantir a segurança, a observância da justiça e o respeito dos direitos. No curso da história, não obstante as mudanças de perspectiva das diversas épocas, advertiu-se constantemente sobre a necessidade de semelhante autoridade para responder aos problemas de dimensão mundial postos pela busca do bem comum: é essencial que tal autoridade seja o fruto de um acordo, e não de uma imposição, e que não seja tomada como um superestado global.

Uma autoridade política exercida no quadro da comunidade internacional deve ser regida pelo direito e ordenada ao bem comum e respeitar o princípio da solidariedade. Conforme o CDSI,

> Os poderes públicos da comunidade mundial não têm como fim limitar a esfera de ação dos poderes públicos de cada comunidade política e nem sequer de substituir-se a eles. Ao invés, devem procurar contribuir para a criação, em plano mundial, de um ambiente em que tanto os poderes públicos de cada comunidade política, como os respectivos cidadãos e grupos intermédios, com maior segurança, possam desempenhar as próprias funções, cumprir os seus deveres e fazer valer os seus direitos. (Pontifício Conselho "Justiça e Paz", 2006, p. 138, n. 441)

4.1.1 Objetivo da política internacional

O objetivo principal das instituições internacionais de caridade é promover a paz e o desenvolvimento mediante a adoção de medidas coordenadas. Esse esforço se tornou necessário em virtude da globalização dos problemas. Como aponta Altemeyer Junior (2016, p. 98), "há uma sintonia entre política e Doutrina Social da Igreja quando os cristãos e os cidadãos de todas as correntes sociais e políticas agem e vivem motivados por valores e projetos comunitários e universais, particularmente a paz e equidade".

Existe uma relação de interdependência e interconexão entre os seres humanos e as nações. As autoridades do Magistério destacam que essa interdependência adquire uma dimensão moral e determina as relações no mundo atual sob o aspecto econômico, cultural, político e religioso. Nesse contexto, de acordo com a Agenda Social (Pontifício Conselho "Justiça e Paz", 2000, p. 43, n. 84), "seria de desejar uma revisão, que pressupõe a superação das rivalidades políticas e a renúncia a toda a pretensão de instrumentalizar as mesmas Organizações, que têm como única razão de ser o bem comum com o objetivo de conseguir grau superior de ordenação a nível internacional".

Em particular, as estruturas do governo devem exercer eficazmente suas funções de organizar a política de controle e de guia no campo da economia. Os organismos internacionais devem, ademais, garantir a igualdade, que é o fundamento do direito de todos à participação no processo do pleno desenvolvimento, no respeito às legítimas diferenças. Já a Igreja deve avaliar positivamente o papel dos agrupamentos que se formam na sociedade civil e exercer uma importante função de sensibilização da opinião pública em face dos diversos aspectos da vida internacional, com um foco específico nos direitos humanos. Os governos deveriam sentir-se encorajados por esse empenho, que visa pôr em prática os ideais que inspiram a comunidade internacional, por meio de gestos concretos de solidariedade e de paz das entidades, principalmente as organizações não governamentais (ONGs) que trabalham a favor dos diretos humanos.

Como membros da Igreja, devemos colaborar com a Organização das Nações Unidas (ONU), com as estruturas e os meios de que lança mão e com a vastidão e nobreza de suas finalidades. Cada ser humano encontra nela uma proteção eficaz de seus direitos e de sua dignidade como pessoa e compreende que seus direitos são universais, invioláveis e inalienáveis. Assim, participando cada vez mais ativamente na vida pública das próprias comunidades políticas, observa-se um interesse crescente pelas vicissitudes de todos os povos, bem como uma maior consciência destes de serem membros vivos da comunidade mundial. Como explica Altemeyer Junior (2016, p. 98),

> Há sintonia quando cristãos e cidadãos não se acomodam à mesmice e ao *status quo*, defendendo privilégios, nepotismos ou, em alguns casos, até participando de pequenas corrupções institucionais ou confessionais, olvidando que a política e religião são instrumentos de algo maior, que é a fraternidade e solidariedade.

4.2 Direito ao desenvolvimento

O direito ao desenvolvimento é de todos. Porém, sabemos que o desenvolvimento tem diversos desdobramentos, como nos campos moral, ético, intelectual, familiar e da dignidade de vida. A caridade cristã é focada em todas essas dimensões. Por isso, é um desenvolvimento humano integral, que pertence a todos. Especialmente quem é mais pobre e marginalizado na comunidade tem a ver com o âmago da evangelização.

Como aponta a Agenda Social (Pontifício Conselho "Justiça e Paz", 2000, p. 84, n. 164),

> 163. [...] Entre evangelização e promoção humana, desenvolvimento e libertação, existem, de fato, laços profundos: laços de ordem antropológica, dado que o homem que há de ser evangelizado não é um ser abstrato, mas antes um ser condicionado pelo conjunto dos problemas sociais e econômicos (...). (*Ecclesia in África*, n. 68)
>
> 164. O progresso da técnica e o desenvolvimento da civilização do nosso tempo, que é marcado aliás pelo predomínio da técnica, exigem um proporcional desenvolvimento também da vida moral e da ética. E no entanto este último, infelizmente, parece ficar sempre atrasado. Por isso, este progresso, de resto tão maravilhoso, em que é difícil não vislumbrar também os autênticos sinais da grandeza do mesmo homem, os quais, em seus germes criativos, já nos são revelados nas páginas do Livro do Gênesis, na descrição da sua mesma criação, este progresso não pode deixar de gerar multíplices inquietações.

A seguir, vamos apresentar algumas inquietações concretas a serem consideradas no contexto da caridade cristã.

4.2.1 Inquietações sobre o desenvolvimento

Uma primeira inquietação em relação ao progresso diz respeito à questão de as mudanças tornarem ou não as pessoas mais humanas em todos os aspectos, ou seja, se o progresso vai resgatar a dignidade humana em vez de apresentar dificuldades para a vivência harmônica dos seres. Como sintetiza a Agenda Social (Pontifício Conselho "Justiça e Paz", 2000, p. 84, n. 165), citando *Redemptor Hominis* (RH, n. 15),

> Se o homem, enquanto homem, no contexto deste progresso, se torna verdadeiramente melhor, isto é, mais amadurecido espiritualmente, mais consciente da dignidade da sua humanidade, mais responsável, mais aberto para com o outros, em particular para com os mais necessitados e os mais fracos, e mais disponível para proporcionar e prestar ajuda a todos.

Por outro lado, observamos que existe uma crise sobre a concepção econômica que está intimamente ligada ao desenvolvimento. No contexto atual,

> Compreende-se melhor que a mera acumulação de bens e de serviços, mesmo em benefício da maioria, não basta para realizar a felicidade humana. E, por conseguinte, também a disponibilidade dos multíplices benefícios reais, trazidos nos últimos tempos pela ciência e pela técnica, incluindo a informática, não comporta a libertação de toda e qualquer forma de escravidão. A experiência dos anos mais recentes demonstra, pelo contrário, que se toda a massa dos recursos e das potencialidades, postos à disposição do homem, não for regida por uma intenção moral e por uma orientação no sentido do verdadeiro bem do gênero humano, volta-se facilmente contra ele para o oprimir. (Pontifício Conselho "Justiça e Paz", 2000, p. 85, n. 166)

Entendemos que o desenvolvimento exige um maior número de técnicos, cada vez mais sábios, capazes de fazer uma reflexão profunda, em busca de um humanismo novo, que permita ao homem moderno encontrar a si mesmo, assumindo os valores superiores do amor, da amizade, da oração e da contemplação. Qualquer que seja o desenvolvimento, o direito ao desenvolvimento da família como entidade distinta de seus componentes é objeto de proteção. Alguns direitos podem ser considerados extensivamente humanos. Conforme Garcia (2016, p. 173),

Entre os outros podem citar: o direito a existir e desenvolver-se como família; o direito a educar os filhos segundo as próprias tradições; o direito a segurança física, social, política e econômica; o direito a criar associações com outras famílias e instituições, e cumprir com sua missão; o direito a proteger seus menores mediante leis apropriadas; o direito a uma política familiar adequada por parte das autoridades públicas, sem qualquer discriminação.

Além disso, deve haver um vínculo íntimo com a Igreja e uma espiritualidade profunda que possam preservar os valores da família.

4.3 Instituições internacionais de caridade

Quando se trata de instituições de caridade, notamos que a Igreja Católica parece estar em destaque, pois ela promove a caridade por meio de diversas congregações religiosas. Por exemplo, as ordens franciscanas ou jesuítas desenvolvem a caridade e a assistência social onde é necessário. Há também comunidades internacionais de outras culturas ou religiões que fazem o mesmo gesto em relação aos necessitados. O foco para o bem-estar do ser humano é o fator determinante para as instituições internacionais de caridade. Como afirma o CDSI (Pontifício Conselho "Justiça e Paz", 2006, p. 136, n. 433),

> A centralidade da pessoa humana e da aptidão natural das pessoas e dos povos a estreitar relações entre si são elementos fundamentais para construir uma verdadeira Comunidade internacional, cuja organização deve tender ao efetivo bem comum universal. Não obstante seja amplamente difusa a aspiração por uma autêntica comunidade internacional, a unidade da família humana não encontra ainda realização, porque é obstaculizada por ideologias

> materialistas e nacionalistas que contradizem os valores de que é portadora a pessoa considerada integralmente, em todas as suas dimensões, materiais e espirituais, individuais e comunitários. De modo particular, é moralmente inaceitável qualquer teoria ou comportamento caracterizado pelo racismo ou pela discriminação racial.

Muitas vezes, para desenvolver a caridade de forma eficaz, as instituições criam comunidades. Um exemplo é a Comunidade Internacional, que é uma comunidade jurídica fundada sobre a soberania de cada Estado-membro, sem vínculos de subordinação que neguem ou limitem sua independência. Conceber desse modo a comunidade internacional não significa de maneira alguma relativizar e esvaecer as diferentes e peculiares características dos diferentes povos, mas favorecer-lhes a expressão. A valorização das diferentes identidades ajuda a superar as várias formas de divisão que tendem a separar os povos e a torná-los portadores de um egoísmo com efeitos desestabilizadores (Pontifício Conselho "Justiça e Paz", 2006, p. 136, n. 435).

Contudo, a Igreja como instituição reconhece a importância da soberania nacional, concebida antes de tudo como expressão da liberdade que deve regular as relações entre as nações e os Estados. A soberania representa a subjetividade de uma nação sob os aspectos político, econômico e cultural, mas também determina a responsabilidade dela sobre seus membros. A dimensão cultural adquire um valor particular como ponto de força para a resistência aos atos de agressão ou às formas de domínio que condicionam a liberdade de um país. A cultura abrange a garantia de conservação da identidade de um povo, exprime e promove sua soberania espiritual.

4.4 Ambiente para o bem comum

O bem coletivo está intimamente vinculado ao bem-estar do planeta. A comunidade humana não encontra a perfeita harmonia se os recursos do planeta Terra são usados de forma desorganizada. A humanidade foi injusta para com a natureza, principalmente nos últimos trezentos anos. Atualmente sentimos que preservar o ambiente para o bem coletivo talvez seja uma das responsabilidades mais exigentes para toda a humanidade.

A encíclica *Laudato Si'*, do Papa Francisco, apresenta a preocupação com o planeta e afirma que a responsabilidade para cuidar dele é um dever da humanidade para o bem-estar de todos. Todos pertencemos a uma "casa comum", como apresenta a encíclica *Laudato Si'*. Essa encíclica apresenta sete objetivos para se cuidar dessa casa comum, que podemos elencar conforme indicados pela professora indiana Rose Veera D'Souza (D'Souza, 2015):

1. Resposta ao grito da Terra. Proteger nossa casa comum, por exemplo, as fontes de energia renováveis, agricultura sustentável, a água potável para todos.
2. Resposta ao grito dos pobres. Promover a eco justiça, conscientes de que somos chamados a defender a vida.
3. Economia ecológica. Produção e consumo sustentáveis.
4. Adoção de um estilo de vida sustentável. Fomentar a moderação no uso de recursos e energia.
5. Educação ecológica. Fomentar a consciência ecológica e a ação transformadora.
6. Espiritualidade ecológica integral. Incentivar um maior contato com o mundo natural em um espírito de admiração, louvor, alegria e gratidão.

7. Envolvimento da comunidade. Incentivar o desenvolvimento de culturas e políticas que protejam nossa casa comum e todos os que a partilham.

Cada membro da família humana, cada homem e cada mulher cristão, pode agir como um fio fino, mas único e indispensável na tecelagem de uma rede de vida que abraça a todos. Que nos sintamos desafiados a assumir, com oração e compromisso, a responsabilidade pelo cuidado da criação. Que Deus, "o amante da vida (Sab, 11,26), conceda-nos a coragem de fazer o bem sem esperar que alguém comece ou até que seja tarde demais" (Francisco, 2015).

Por conseguinte, sentimo-nos impelidos a apoiar as ações dos movimentos ecológicos e a participar de campanhas contra práticas destrutivas, assim como a agir contra poderes de exploração e corrupção que estão arruinando o meio ambiente natural e humano. Assim, a derrubada irresponsável e os incêndios de mata virgem, a contaminação da água e do ar, a produção de armas nucleares devem ser revistos de acordo com a proposta da encíclica. Em muitos casos, os pobres são direta e indiretamente os mais prejudicados por essa destruição do ambiente. No longo prazo, as consequências vão recair sobre a espécie humana e sobre toda criatura vivente.

Por isso, é um dever de cada ser humano em todos os lugares – podemos dizer que é um dever universal – cuidar da casa comum. Todos devem respeitar o bem-estar de todos em todas as dimensões que próprio Jesus chamou de "Reino de Deus". Conforme o CDSI (Pontifício Conselho "Justiça e Paz", 2006, p. 146, n. 466),

> Essa responsabilidade deve amadurecer com base na globalidade da presente crise ecológica e à consequente necessidade de enfrentá-la globalmente, enquanto todos os seres dependem uns dos outros na ordem universal estabelecida pelo Criador: é preciso

ter em conta a natureza de cada ser e as ligações mútuas entre todos, num sistema ordenado, qual é exatamente o cosmos.

Essa perspectiva apresenta a importância de cuidarmos da casa comum, e esse cuidado pode unir vários ecossistemas entre si e o valor da biodiversidade. Desse modo, podemos assumir uma responsabilidade para proteger a riqueza extraordinária da humanidade de maneira adequada. Como elencamos nos objetivos, podemos perceber que o cuidado com a casa comum é de responsabilidade de todos, além de uma forma de criar a visão planetária. Isso significa repensar completamente o estilo de viver, produzir e consumir, tendo em vista a continuidade do planeta. A vida e os trabalhos devem sair do âmbito dos muros da instituição, e a consciência deve se expandir para a casa comum que é o planeta.

4.4.1 Responsabilidades com o patrimônio comum

É interessante perceber que nos últimos anos houve um crescimento de consciência direcionada aos cuidados para com a casa comum. Como sinaliza o CDSI (Pontifício Conselho "Justiça e Paz", 2006, p. 146, n. 467),

> A responsabilidade em relação ao ambiente, patrimônio comum do gênero humano, se estende não apenas às exigências do presente, mas também às do futuro: Herdeiros das gerações passadas e beneficiários do trabalho dos nossos contemporâneos, temos obrigações para com todos, e não podemos desinteressar-nos dos que virão depois de nós aumentar o círculo da família humana. A solidariedade universal é para nós não só um fato e um benefício, mas também um dever. Trata-se de uma responsabilidade que as gerações presentes têm em relação às futuras, uma responsabilidade

que pertence também a cada um dos Estados e à Comunidade Internacional.

A responsabilidade em relação ao ambiente deve encontrar uma tradução adequada no campo jurídico. É importante que a comunidade internacional elabore regras idênticas que possam ajudar os governos a controlar com maior eficácia as várias atividades que provocam efeitos negativos no ambiente e a preservar os ecossistemas prevendo possíveis acidentes:

> Compete a cada Estado, no âmbito do próprio território, a tarefa de prevenir a degradação da atmosfera e da biosfera, exercendo um controlo atento, além do mais, sobre os efeitos das novas descobertas tecnológicas e científicas; e ainda, dando aos próprios cidadãos a garantia de não estarem expostos a agentes inquinantes e a emanações tóxicas. O conteúdo jurídico do direito a um ambiente são e seguro é fruto de uma elaboração gradual, requerida pela preocupação da opinião pública em disciplinar o uso dos bens da criação segundo as exigências do bem comum e em uma vontade comum de introduzir sanções para aqueles que poluem. (Pontifício Conselho "Justiça e Paz", 2006, p. 147, n. 468)

É essencial que haja certas normas jurídicas, porém elas devem ser acompanhadas de um forte senso de responsabilidade, bem como de uma efetiva mudança nas mentalidades e nos estilos de vida. Os responsáveis devem tomar decisões para afrontar riscos sanitários e ambientais. Às vezes, esses agentes se encontram diante de situações nas quais os dados científicos disponíveis são contraditórios ou quantitativamente escassos. Nesses momentos, os governantes precisam de sabedoria para administrar as situações de incerteza. De qualquer forma, essas decisões são provisórias e modificáveis com base em novos conhecimentos que eventualmente venham a ser alcançados. Porém, como explica o CDSI (Pontifício Conselho "Justiça e Paz", 2006, p. 147, n. 469),

A decisão deve ser proporcional às providências já tomadas em vista de outros riscos. As políticas cautelatórias, baseadas no princípio de precaução, requerem que as decisões sejam baseadas em um confronto entre riscos e benefícios previsíveis para cada possível opção alternativa, inclusive a decisão de não atuar. À abordagem baseada no princípio de precaução liga-se a exigência de promover todo o esforço para adquirir conhecimentos mais aprofundados, mesmo sabendo que a ciência não pode chegar rapidamente a conclusões acerca da ausência de riscos. As circunstâncias de incerteza e a provisoriedade tornam particularmente importante a transparência no processo decisório.

Assim, podemos perceber que tudo deve ser direcionado para o cuidado para com o patrimônio da casa comum e a manutenção do bem-estar humano.

4.4.2 Desenvolvimento e integridade da criação

O desenvolvimento da sociedade requer um grande investimento econômico que muitas vezes deixa de lado os apelos da integridade da criação. O CDSI (Pontifício Conselho "Justiça e Paz", 2006, p. 147, n. 470) ressalta que

A programação do desenvolvimento econômico deve considerar atentamente a necessidade de respeitar a integridade e os ritmos da natureza, já que os recursos naturais são limitados e alguns não são renováveis. O atual ritmo de exploração compromete seriamente a disponibilidade de alguns recursos naturais para o tempo presente e para o futuro. A solução do problema ecológico exige que a atividade econômica respeite mais o ambiente, conciliando as exigências do desenvolvimento econômico com as da proteção ambiental. Toda atividade econômica que se valer dos recursos naturais deve também preocupar-se com a salvaguarda do ambiente e prever-lhe os custos, que devem ser considerados como um item essencial dos custos da atividade econômica.

Nesse contexto, devem ser consideradas as relações entre a atividade humana e as mudanças climáticas, que muitas vezes configuram relações antagônicas e, portanto, exigem uma análise científica, política e jurídica para lidar nos níveis nacional e internacional. O aquecimento global tem trazido muitas preocupações para a vivência da humanidade. O clima é um bem a ser protegido e requer que os consumidores e os que exercem atividade industrial desenvolvam um maior senso de responsabilidade em seu comportamento. Trata-se da integridade da criação e nada mais do que introduzir um novo tema no conjunto de problemas sociais: a questão social é vincular o clamor da Terra ao clamor dos pobres. O desenvolvimento dessa ideia central culmina no tratamento da ecologia integral: "Não há duas crises separadas, uma ambiental e outra social, mas uma única e complexa crise socioambiental. As diretrizes para a solução requerem uma abordagem integral para combater a pobreza, devolver a dignidade aos excluídos e, simultaneamente, cuidar da natureza" (Oliveira, 2016, p. 91).

A atitude lucrativa em relação ao meio ambiente deve ser ponderada com base em uma economia respeitosa ao ambiente e na busca de inovações capazes de reduzir o impacto sobre o ambiente provocado pela produção e pelo consumo e uma atenção particular reservada às complexas problemáticas concernentes aos recursos energéticos. Isso porque "a terra está doente, contaminada pelo uso irresponsável de agrotóxicos; pela poluição do solo, do mar e do ar; pelo desmatamento criminoso; pela exploração predatória de seus recursos. Por si mesmo já não é capaz de se recuperar. Sua única salvação é a urgente intervenção humana" (Betto, 2016, p. 158).

Os países desenvolvidos têm uma responsabilidade maior para proteger e servir a humanidade e promover o uso correto dos recursos da natureza. Outro fator que chama atenção é a proteção dos povos nativos, os indígenas, como evidencia o CDSI (Pontifício Conselho "Justiça e Paz", 2006, p. 148, n. 471):

> Uma atenção especial merece a relação que os povos indígenas mantêm com a sua terra e os seus recursos: trata-se de uma expressão fundamental da sua identidade. [...] Os direitos dos povos indígenas devem ser oportunamente tutelados. Estes povos oferecem um exemplo de vida em harmonia com o ambiente que eles aprenderam a conhecer e preservar: a sua extraordinária experiência, que é uma riqueza insubstituível para toda a humanidade, corre o risco de se perder juntamente com o ambiente do qual se origina.

Podemos observar também que

> As aplicações das biotecnologias, a sua liceidade do ponto de vista moral, as suas consequências para a saúde do homem, o seu impacto sobre o ambiente e sobre a economia, constituem objeto de estudo aprofundado e de vívido debate. Trata-se de questões controversas que envolvem cientistas e pesquisadores, políticos e legisladores, economistas e ambientalistas, produtores e consumidores. Os cristãos não ficam indiferentes a estas problemáticas, cônscios da importância dos valores em jogo. (Pontifício Conselho "Justiça e Paz", 2006, p. 148, n. 472)

O Estado, juntamente com a comunidade internacional, precisa assumir a responsabilidade de criar um ambiente perfeito para os cidadãos viverem bem em sintonia com toda a criação. Tais responsabilidades devem ser iluminadas e guiadas pela busca contínua do bem comum universal.

4.5 Promoção da paz

Estar em paz é uma sede do ser humano em todas as culturas e nações. A paz é uma conquista adquirida gradativamente, primeiramente no coração do indivíduo e, depois, em seu convívio em sociedade. Segundo o CDSI (Pontifício Conselho "Justiça e Paz", 2006, p. 153, n. 494),

> A paz é um valor e um dever universal e encontra o seu fundamento na ordem racional e moral da sociedade que tem as suas raízes no próprio Deus, fonte primária do ser, verdade essencial e bem supremo. A paz não é simplesmente ausência de guerra e tampouco um equilíbrio estável entre forças adversárias, mas se funda sobre uma correta concepção de pessoa humana e exige a edificação de uma ordem segundo a justiça e a caridade. A paz é fruto da justiça, entendida em sentido amplo como o respeito ao equilíbrio de todas as dimensões da pessoa humana. A paz é um perigo quando ao homem não é reconhecido àquilo que lhe é devido enquanto homem, quando não é respeitada a sua dignidade e quando a convivência não é orientada em direção para o bem comum.

A construção da paz sempre acompanha a dimensão da justiça. Para a construção de uma sociedade pacífica e para o desenvolvimento integral de indivíduos, povos e nações, é necessário que haja a defesa e a promoção dos direitos humanos.

4.5.1 Rumo à verdadeira paz

A paz é fruto também do amor, pois entra na dimensão das relações familiares. As relações bem-sucedidas no ambiente familiar apresentam uma tranquilidade no campo social. Como observa o CDSI (Pontifício Conselho "Justiça e Paz", 2006, p. 153, n. 495),

> A paz se constrói dia a dia na busca da ordem querida por Deus e pode florescer somente quando todos reconhecem as próprias responsabilidades na sua promoção. Para prevenir conflitos e violências, é absolutamente necessário que a paz comece a ser vivida como valor profundo no íntimo de cada pessoa: assim pode estender-se nas famílias e nas diversas formas de agregação social, até envolver toda a comunidade política. Em um clima difuso de concórdia e de respeito à justiça, pode amadurecer uma autêntica cultura de paz, capaz de difundir-se também na Comunidade Internacional. A paz é, portanto, fruto de uma ordem inscrita na sociedade humana pelo seu Divino Fundador e que os homens, sempre desejosos de uma justiça mais perfeita, hão de fazer amadurecer. Tal ideal de paz não pode conseguir-se na terra se não se salvaguardar o bem dos indivíduos e os homens não comunicarem entre si com confiança as riquezas do seu espírito e das suas faculdades criadoras.

Um dos elementos que atrapalham na construção da paz é a violência. A violência nunca constitui uma resposta justa. Existem violências de diferentes naturezas. De fato, a paz é uma conquista e, nos tempos atuais, há uma necessidade urgente de estabelecer a paz. O importante é que cada nação possa elaborar seus mecanismos para preservar a paz em seus territórios, concentrando-se mais na preservação desse bem em suas famílias.

Síntese

Tratamos, neste capítulo, das obras de caridade da Igreja Católica desenvolvidas por diversas instituições, como as ordens religiosas franciscana e jesuíta. As instituições são muitas; além de resgatarem a dignidade do ser humano, também promovem a paz no mundo.

Existem instituições internacionais que colaboram com as religiões desenvolvendo trabalhos sustentáveis de caridade. O mais importante nesse campo é resgatar a dignidade humana e promover a paz. Por isso, ao longo do capítulo, apresentamos a comunidade internacional de caridade, que promove o desenvolvimento da humanidade, e o papel da Igreja nessa iniciativa. Também destacamos a integridade da criação, enfatizando a necessidade do cuidado com a casa comum, que é o planeta Terra. Uma vez que tudo estiver em perfeita harmonia, a paz vai permanecer no mundo. As obras de caridade criam um ambiente mais humano, abrindo os olhos das pessoas e das estruturas para ajudar os outros. Percebemos que essa dimensão é universal, isto é, existe em todas as religiões. Todos os povos e religiões devem trabalhar em prol desse progresso da humanidade.

Indicação cultural

CARIDADE verdadeira: as obras sociais da Irmã Dulce. **Portal Kairós**, 21 set. 2019. Disponível em: <https://www.youtube.com/watch?v=zQykjR6s7M8>. Acesso em: 9 set. 2023.

O vídeo mostra como a Irmã Dulce desenvolveu obras de caridade, apresentando alguns relatos de pessoas que conviveram com a religiosa ou que conhecem o trabalho dela.

Atividades de autoavaliação

1. Assinale a proposição correta:
    a) O objetivo principal das instituições internacionais de caridade é promover a paz, mesmo que seja por meio de guerras.
    b) O objetivo principal das instituições internacionais de caridade é ajudar as pessoas com comida.

c) O objetivo principal das instituições internacionais de caridade é promover a paz e o desenvolvimento por meio das armas.
d) O objetivo principal das instituições internacionais é criar um mundo ordenado.
e) O objetivo principal das instituições internacionais de caridade é promover a paz e o desenvolvimento mediante a adoção de medidas coordenadas.

2. Como se compreende o direito ao desenvolvimento integral e humano?
a) Pode-se compreender que o direito ao desenvolvimento humano integral é para todos, especialmente de quem é mais rico e influente na sociedade.
b) Pode-se compreender que o direito ao desenvolvimento humano integral é para poucas pessoas, pois a maioria da população sempre é dependente dos outros.
c) Pode-se compreender que o direito ao desenvolvimento humano integral é para todos, mas prioritariamente para as populações dos países ricos.
d) Pode-se compreender que o direito ao desenvolvimento humano integral é para todos, especialmente para quem é mais pobre e marginalizado na comunidade.
e) Pode se compreender que o direito ao desenvolvimento humano é para poucos indivíduos da sociedade.

3. O cuidado da casa comum é de responsabilidade de todos. Como podemos praticar esse cuidado?
a) A casa comum pode ser cuidada por meio do consumo de produtos naturais.
b) A casa comum pode ser cuidada deixando-se de consumir produtos naturais e mudando-se o estilo de vida.

c) A casa comum pode ser cuidada criando-se uma visão planetária, que significa repensar completamente o estilo de viver, de produzir e de consumir.
d) A casa comum não pode ser cuidada por parte dos seres humanos.
e) A casa comum é de todos, portanto ninguém pode cuidar individualmente.

4. Leia as afirmações a seguir.

I. A paz é um valor e um dever universal e encontra seu fundamento na ordem racional e moral da sociedade, tendo suas raízes no próprio Deus, fonte primária do ser, verdade essencial e bem supremo.

II. A paz não é simplesmente ausência de guerra, tampouco um equilíbrio estável entre forças adversárias, mas está fundada sobre uma correta concepção de pessoa humana e exige a edificação de uma ordem segundo a justiça e a caridade.

III. A paz é um valor e um dever universal e encontra seu fundamento na ordem racional e moral da sociedade, mas a violência é necessária para se estabelecer a paz.

IV. A paz é um valor e um dever local de uma sociedade particular. Portanto, não tem nada a ver com a universalidade.

Qual(is) dessa(s) afirmação(ões) apresenta(m) corretamente o conceito de paz?
a) I e III.
b) I e II.
c) I e IV.
d) II e IV.
e) III e IV.

5. Durante seu pontificado, o Papa Francisco já publicou diversas encíclicas. A primeira delas é *Evangelii Gaudium*, na qual ele apresenta três apelos. Assinale a alternativa que indica corretamente esses apelos:
   a) Avançar no caminho da conversão pastoral e missionária; não deixar as coisas como estão; e constituir-se em estado permanente de missão.
   b) Avançar no caminho da conversão pastoral e missionária; não deixar as coisas como estão; e cuidar da paróquia local.
   c) Avançar no caminho da conversão pastoral e missionária; deixar as coisas como estão; e constituir um conselho missionário.
   d) Avançar no caminho da conversão pessoal e não pastoral; não deixar as coisas como estão; e constituir-se em estado permanente de missão.
   e) Avançar no caminho da conversão pastoral; deixar as coisas como estão; e concentrar-se na dimensão litúrgica da missão.

Atividades de aprendizagem

Questões para reflexão

1. Usando os meios eletrônicos, faça uma pesquisa sobre organizações internacionais de caridade. Identifique um trabalho realizado por uma organização, seja no Brasil, seja em outro país.

2. Escreva um breve texto explicando qual é, em seu ponto de vista, a importância das organizações internacionais de caridade.

Atividade aplicada: prática

1. Convide alguma pessoa de seu convívio para visitar com você uma organização de caridade que se encontra em sua cidade e ofereçam alguma ajuda para essa instituição.

5
Por uma pastoral caritativa nas paróquias

O lugar especial do desenvolvimento da caridade cristã é a paróquia. Por séculos, a paróquia tem sido a presença pública da Igreja nos diferentes lugares. Ela é o lugar da Eucaristia, o lugar da comunhão das famílias e, ao mesmo tempo, um lugar onde se faz a caridade. Assim, ela se torna uma referência para os batizados para assumir os compromissos batismais. Nos últimos anos, houve uma mudança na configuração social da paróquia, tendo ela passado por diversas alterações. Algumas atividades não podem ser desenvolvidas no contexto da paróquia, pois o suprimento das necessidades da sociedade foi deslocado para os municípios. Desse modo, as mudanças sociais e o processo de secularização diminuíram a influência da paróquia sobre o cotidiano das pessoas. Nesse sentido, existem dificuldades para os fiéis se sentirem membros autênticos da comunidade cristã, trazendo novos desafios no contexto atual para uma renovação em suas atividades caritativas cotidianas.

Antes de tratarmos da caridade cristã no contexto paroquial, vejamos a origem da paróquia e da comunidade paroquial. Tudo começou com o Edito de Milão, de 313, quando houve a declaração da liberdade religiosa para todo o Império Romano. Com o fim da perseguição, os cristãos podiam viver na sociedade e manifestar publicamente sua fé. Nesse contexto, começou a crescer o número de cristãos e as comunidades cristãs passaram a se organizar em total correspondência com a vida social, estabelecendo-se territorialmente e organizando-se administrativamente. Até então as reuniões eram realizadas nas casas, mas a relação igreja-casa se enfraqueceu e criaram-se, no final do século III, locais fixos chamados *domus ecclesiae*, para as diversas reuniões da comunidade, sob a direção de um presbítero. Era um lugar mais adequado e fixo, chamado de *paróquia*, localizado em comunidades rurais, afastadas da cidade, onde moravam o bispo e seu presbitério.

Contudo, no século V, conforme o Documento 100 da Conferência Nacional dos Bispos do Brasil (CNBB),

> O sistema paroquial adquire maior autonomia com os presbíteros que estão à sua frente desenvolvendo várias funções: presidir a Eucaristia, batizar e promover a reconciliação, sendo considerados delegados do bispo. Aos poucos, o sistema paroquial vai se impor também na cidade, sendo os locais fixos de reuniões, existentes nas cidades, transformados em paróquias territoriais. A territorialidade determinou a transformação social das comunidades cristãs primitivas em paróquias. Diminuiu a força da pequena comunidade com seus muitos carismas para fortalecer as unidades paroquiais territoriais. A diocese emergiu como expansão das comunidades eclesiais urbanas. (CNBB, 2014, n. 112)

Por outro lado, a situação atual da paróquia precisa ser revista, pois, por vezes, está com as estruturas caducas e não possibilita desenvolver a docilidade e a criatividade missionária do padre, bispo ou pastor da comunidade.

O Documento 100 (CNBB, 2014, n. 106) apresenta como deve evoluir a paróquia no contexto atual:

> A dimensão comunitária da fé cristã conheceu diferentes formas de se concretizar historicamente, desde a Igreja Doméstica até chegar à paróquia na acepção atual. A paróquia é um instrumento importante para a construção da identidade cristã; é o lugar onde o cristianismo se torna visível em nossa cultura e história. É verdade que a origem da paróquia é marcada por um contexto cultural muito diferente do atual. Por isso muitos aspectos históricos precisam ser recuperados e outros revistos, diante das mudanças de época e a necessidade de acentuar o sentido comunitário da fé cristã.

Neste capítulo, abordaremos todas as atividades de caridade, espirituais e sociais executadas dentro da estrutura paroquial. Essas atividades são elaboradas pela comunidade em prol da comunidade, principalmente daqueles indivíduos que se encontram em extrema necessidade, tanto no campo espiritual como no campo social.

5.1 Inculturação da fé

A dimensão da inculturação da fé é a primeira tarefa da caridade cristã. A fé cristã nasceu em contexto e ambiente específicos, mas, de acordo com a tradição judaica, posteriormente migrou para outros ambientes culturais. Os primeiros que levaram a tradição a outras culturas foram os apóstolos, entre os quais se destaca São Paulo, que levou a doutrina cristã ao mundo mediterrâneo, que, na época, pertencia ao Império Romano. Como os apóstolos pertenciam à tradição judaica, precisavam se adaptar aos novos contextos e traduzir a mensagem cristã para uma forma compreensível aos novos adeptos de culturas diferentes. Portanto, a primeira tarefa era encontrar os meios para transmitir a mensagem e atrair novos adeptos, conceito chamado de *inculturação*.

A inculturação implica adaptação a um novo ambiente, a uma nova realidade cultural, o que não é um processo muito fácil, uma vez que são colocados em confronto dois conjuntos de referências culturais por vezes completamente díspares entre si, cabendo ao indivíduo resolver (em nível individual) os conflitos suscitados desse contato intercultural (Andrade; Labonté, 2008, p. 341). O filósofo indiano Radhakrishnan (citado por Andrade; Labonté, 2008, p. 342) apresenta quatro métodos alternativos normalmente utilizados para a resolução de conflitos dessa ordem: exterminação, subordinação, identificação e harmonização.

Inculturação é uma palavra utilizada com muita frequência no ambiente religioso, principalmente entre as congregações missionárias, cujo carisma se caracteriza pelo destaque à missão. Os missionários frequentemente deixam seu país de origem e se estabelecerem em uma outra cultura, algumas vezes nunca mais retornando a seu país de origem. Para eles, inculturação é algo mais que um conceito da antropologia ou da sociologia. Hoje em dia, percebemos que o mundo foi transformado em uma aldeia global e os deslocamentos e migrações são muito mais frequentes, de modo que a inculturação assume um papel fundamental.

Tratando da inculturação da fé no contexto paroquial, o Compêndio da Doutrina Social da Igreja (CDSI) afirma:

> Consciente da força renovadora do cristianismo mesmo em relação à cultura e à realidade social, a Igreja oferece o contributo do próprio ensinamento à construção da comunidade dos homens, mostrando o significado social do Evangelho. Em fins do século XIX, o Magistério da Igreja enfrentou organicamente as graves questões sociais da época, estabelecendo um paradigma permanente para a Igreja. Esta, com efeito, tem a sua palavra a dizer perante determinadas situações humanas, individuais e comunitárias, nacionais e internacionais, para as quais formula uma verdadeira doutrina, um corpus, que lhe permite analisar as realidades sociais, pronunciar-se sobre elas e indicar diretrizes para a justa solução dos problemas que daí derivam. (Pontifício Conselho "Justiça e Paz", 2006, p. 160, n. 521)

Com a publicação da encíclica *Rerum Novarum*, sobre a realidade social e política de sua época, o Papa Leão XIII conferiu à Igreja a responsabilidade de atender às situações precárias dos trabalhadores:

> A Igreja, com a sua doutrina social, oferece, sobretudo uma visão integral e uma plena compreensão do homem, em sua dimensão pessoal e social. A antropologia cristã, desvelando a dignidade

> inviolável de toda pessoa, introduz as realidades do trabalho, da economia, da política em uma perspectiva original, que ilumina os autênticos valores humanos e inspira e sustém o empenho do testemunho cristão nos multíplices âmbitos da vida pessoal, cultural e social. (Pontifício Conselho "Justiça e Paz", 2006, p. 161, n. 522)

5.1.1 Inculturação da fé no contexto contemporâneo

O mundo contemporâneo é complexo, pois apresenta uma variedade de problemas e, ao mesmo tempo, rumos concretos de soluções. No campo da religião, a Igreja Católica aponta diversos meios de evangelização de sua doutrina em culturas diferentes. Existem deslocamentos dos missionários para diversos continentes, e isso exige uma compreensão adequada da inserção na cultura do outro. Além da evangelização, a Igreja se preocupa em criar as condições que permitam a todos viver suas escolhas vocacionais ou profissionais de forma integral. Existe a dimensão antropológica cristã, que motiva e anima a obra pastoral de inculturação da fé, dedicada a renovar a partir de dentro, com a força do evangelho, os critérios de juízo, os valores determinantes, as linhas de pensamento e os modelos de vida do ser humano contemporâneo.

O mundo atual apresenta uma fricção constante entre o evangelho e a cultura, com uma inquietação: De que forma inserir a proposta do evangelho em uma cultura totalmente desconhecida para os missionários? Por um lado, encontramos uma visão secularizada da salvação, que tende a reduzir também o cristianismo a uma sabedoria meramente humana; por outro, as pessoas buscam as práticas religiosas para autoajuda. A Igreja está consciente do dever de dar um grande passo à frente em sua evangelização, da necessidade de entrar em uma nova etapa histórica de seu dinamismo missionário. Nessa perspectiva pastoral, situa-se o ensinamento social, apontando para a nova evangelização, isto é, a descoberta de novas formas de evangelizar no mundo, que tem uma necessidade urgente da dimensão da fé e de outros componentes essenciais para desenvolver a caridade cristã.

5.2 Pastoral social na paróquia

A pastoral social é o lugar mais visível no ambiente da paróquia. Os grupos da comunidade paroquial desenvolvem a pastoral em virtude da realidade de algumas famílias carentes, e parece que na atualidade essa pastoral funciona muito bem. Conforme o CDSI (Pontifício Conselho "Justiça e Paz", 2006, p. 161, n. 524),

> A referência essencial à doutrina social decide da natureza, do enfoque, da articulação e dos desenvolvimentos da pastoral social. Esta é expressão do ministério de evangelização social, propenso a iluminar, estimular e assistir a integral promoção do homem mediante a práxis da libertação cristã, na sua perspectiva terrena e transcendente. A Igreja vive e atua na história, interagindo com a sociedade e a cultura do próprio tempo, para cumprir a sua missão de comunicar a todos os homens a novidade do anúncio cristão, na concretude das suas dificuldades, lutas e desafios, de sorte que a fé os ilumine para compreendê-las na verdade de que "abrir-se ao amor de Cristo é a verdadeira libertação" [...]. A pastoral social é a expressão viva e concreta de uma Igreja plenamente consciente da própria missão evangelizadora das realidades sociais, econômicas, culturais e políticas do mundo.

A mensagem social do evangelho deve orientar a Igreja a desempenhar uma dupla tarefa pastoral:

> Ajudar os homens a descobrir a verdade e a escolher a via seguir; encorajar o esforço dos cristãos em testemunhar, com solicitude de serviço, o Evangelho no campo social: "Hoje, mais do que nunca, a Palavra de Deus não poderá ser anunciada e ouvida senão na medida em que ela for acompanhada do testemunho do poder do Espírito Santo, que opera na ação dos cristãos ao serviço dos seus irmãos, justamente nos pontos onde se joga a sua existência e o seu futuro". (Pontifício Conselho "Justiça e Paz", 2006, p. 161, n. 525)

A necessidade de uma nova evangelização leva a Igreja a compreender que sua mensagem social encontrará credibilidade primeiramente no testemunho de suas obras e só depois em sua coerência e lógica internas. Alguns critérios devem ser seguidos:

> A doutrina social dita os critérios fundamentais da ação pastoral no campo social: anunciar o Evangelho; confrontar a mensagem evangélica com a realidade social; projetar ações voltadas a renovar tais realidades, conformando-as com as exigências da moral cristã. Uma nova evangelização do social requer antes de mais o anúncio do Evangelho: Deus em Jesus Cristo salva homem todo e todos os homens. Tais anúncios revelam o homem a si mesmo e deve transformar-se em princípio de interpretação das realidades sociais. (Pontifício Conselho "Justiça e Paz", 2006, p. 161, n. 526)

No anúncio do evangelho, a dimensão social é essencial, embora não seja a única. A ação pastoral da Igreja no âmbito social deve testemunhar antes de tudo a verdade sobre o ser humano:

> A antropologia cristã permite um discernimento dos problemas sociais, para os quais não se pode encontrar boa solução se não se tutela o caráter transcendente da pessoa humana, plenamente revelada na fé. A ação social dos cristãos deve inspirar-se no princípio fundamental da centralidade do homem. Da exigência de promover a identidade integral do homem nasce a proposta dos grandes valores que presidem uma convivência ordenada e fecunda: verdade, justiça, amor e liberdade. A pastoral social esforça-se para

que a renovação da vida pública seja vinculada a um efetivo respeito dos sobreditos valores. (Pontifício Conselho "Justiça e Paz", 2006, p. 162, n. 527)

Desse modo, a Igreja, mediante seu multiforme testemunho evangélico, visa promover a consciência do bem para todos.

5.2.1 Pastoral que acolhe a todos

Quando se trata da pastoral paroquial, muitas vezes pensamos em acolher e ajudar somente as pessoas que passam por dificuldades. Porém, a Igreja é o espaço de todos, em que a ação pastoral ou a caridade cristã devem contemplar todos, pois todos, de uma forma ou de outra, passam por dificuldades em determinados momentos. Os diversos grupos pastorais da paróquia precisam acolher a todos, em especial os moralmente perdidos e os socialmente excluídos, "para que todos tenham vida" (Jo 10,10). Eles deverão encontrar aconchego e espaço de vida entre aqueles que seguem Jesus Cristo. Ele continua a convidar: "Vinde a mim todos vós que estais cansados e sobrecarregados de fardos, e eu vos darei descanso" (Mt 11,28). Como consta no Documento 100 (CNBB, 2014, n. 282-283),

> O amor ao próximo, radicado no amor de Deus, é um dever de toda a comunidade eclesial. A caridade cristã é, em primeiro lugar, simplesmente a resposta àquilo que, numa determinada situação, constitui a necessidade imediata: os famintos devem ser saciados, os nus vestidos, os doentes tratados para se curarem, os presos visitados etc. O cuidado com os necessitados impele a comunidade a defender a vida desde a sua concepção até o seu fim natural. Sem dispensar as muitas iniciativas já existentes na prática da caridade, as paróquias precisam acolher fraternalmente todos, especialmente os que estão caídos à beira do caminho. Dependentes

químicos, migrantes, desempregados, dementes, moradores de rua, sem-terra, soropositivos, doentes e idosos abandonados são alguns rostos que clamam para que a comunidade lhes apresente, concretamente, atitudes do Bom Samaritano.

Então, a caridade paroquial é dirigida a todos, de modo que a Igreja receba de fato o rosto misericordioso de Deus.

5.2.2 Paróquia servidora

O ambiente paroquial é organizado para prestar diversos tipos de serviços, como o acompanhamento espiritual das famílias, o ensino de catequese, a realização dos sacramentos e o atendimento de famílias em suas necessidades, que é conhecido como *pastoral social*. É um lugar de inclusão, em que as pessoas se sentem valorizadas e espiritualmente atendidas. Nos últimos anos, esse serviço paroquial se tornou diversificado em virtude da natureza dos problemas que a sociedade enfrenta. Por exemplo, existem situações nas famílias e na sociedade que merecem acolhida e caridade da Igreja, como o caso dos divorciados, dos casais em segunda união, dos homossexuais, dos solitários e dos deprimidos. Encontramos no ambiente paroquial pessoas com diversas enfermidades (psicológicas, espirituais ou problemas de relações), que também merecem carinho, pois elas igualmente buscam uma palavra de conforto por parte dos líderes da Igreja. Nesse sentido, podemos perceber que a paróquia, como discípula de Jesus, é servidora e cumpre aquilo que Ele fez.

> A comunidade há de marcar presença também diante dos grandes desafios da humanidade: defesa da vida, ecologia, ética na política, economia solidária e cultura da paz. Por isso a paróquia, como comunidade servidora e protetora da vida, tem condições de favorecer a educação para o pleno exercício da cidadania e

implementar uma pastoral em defesa da integridade da Terra e do cuidado da biodiversidade. (CNBB, 2014, n. 285)

Algumas iniciativas de serviço no ambiente paroquial encontram dificuldades em sua aplicação, porém são urgentes. Uma delas diz respeito a evitar a comercialização e o consumo de álcool nos espaços da comunidade. As celebrações festivas na paróquia, como as festas do padroeiro e de certos santos com que o povo tem afinidade não podem ser evitadas. De modo geral, durante a festa são consumidas bebidas alcóolicas, o que contrasta com os programas de defesa da vida. Entretanto, algumas paróquias, em razão de questões financeiras, culturais ou porque "sempre foi assim", caem nessa contradição grave. Será preciso encontrar saídas alternativas para a manutenção da comunidade. É urgente a conversão das comunidades paroquiais para evitar o contratestemunho de promover o consumo de álcool em quermesses ou outras atividades recreativas da comunidade.

Outro problema que a paróquia tenta atender é em relação às drogas. O problema das drogas no contexto atual atinge um número elevado de jovens e, em consequência disso, toda a família sofre. A paróquia tem apresentado mecanismos para atender os indivíduos com vício em drogas, trazendo pessoas qualificadas para falar e atuar no ambiente da paróquia.

5.3 Formação social na paróquia

No contexto atual, a formação social é um dever da Igreja. A doutrina cristã acompanha o pensamento social de Jesus, que é vinculado ao conceito do reino de Deus. Ao longo dos séculos, a Igreja colocou esse conceito em prática em diversos contextos e finalmente elaborou, por meio das encíclicas, a Doutrina Social da Igreja (DSI), que se tornou o ponto de referência indispensável para uma formação cristã completa. O que está por trás da insistência do Magistério em propor tal doutrina se encontra na inspiração dos trabalhos realizados pelos santos e santas da Igreja. Assim, a formação social é fundamental para dar continuidade ao apostolado que foi construído ao longo dos séculos. A formação social deve ser orientada a todos, iniciando com os responsáveis como candidatos ao presbiterado e estendendo-se também aos leigos. Todos devem receber uma formação absolutamente indispensável sobre a doutrina católica tanto social quanto pastoral e espiritual. Esse ensino deve ser adequadamente transmitido para que os comportamentos dos fiéis em relação a questões sociais mudem e os levem a assumir gestos concretos em situações críticas.

A primeira dimensão da formação social diz respeito aos candidatos ao sacerdócio que vão assumir o trabalho pastoral na paróquia. Eles vão motivar os fiéis a desenvolver as atividades caritativas, organizando os grupos específicos para tal pastoral. A formação sobre doutrina social, pastoral e espiritual dos presbíteros e dos candidatos ao sacerdócio deve ter como foco o desenvolvimento de um conhecimento qualificado do ensino e da ação pastoral da Igreja no âmbito social e um vivo interesse pelas questões sociais do próprio tempo.

Conforme o Documento 100 (CNBB, 2014, n. 303),

> O Papa Francisco insiste que a revisão da formação inclua tanto os ministros ordenados e seminaristas quanto leigos: É preciso ter a coragem de levar a fundo uma revisão das estruturas de formação e preparação do clero e do laicato da Igreja que está no Brasil. Não é suficiente uma vaga prioridade da formação, nem documentos ou encontros. Faz falta a sabedoria prática de levantar estruturas duradouras de preparação em âmbito local, regional, nacional e que sejam o verdadeiro coração para o Episcopado, sem poupar

forças, solicitude e assistência. A situação atual exige uma formação qualificada em todos os níveis.

Além disso, o documento da Congregação para a Educação Católica intitulado *Orientações para o estudo e o ensino da Doutrina Social da Igreja na formação sacerdotal* oferece pistas, indicações e disposições precisas para uma correta e adequada programação dos estudos.

5.3.1 Formação catequética

O valor formativo da doutrina cristã, especificamente social, se reconhece melhor na atividade catequética. Como afirma o CDSI (Pontifício Conselho "Justiça e Paz", 2006, p. 161, n. 529),

> A catequese é o ensinamento orgânico e sistemático da doutrina cristã, dado com o fim de iniciar os fiéis na plenitude da vida evangélica. O objetivo último da catequese é colocar alguém não apenas em contato, mas em comunhão, em intimidade com Jesus Cristo, de modo que possa reconhecer a ação do Espírito Santo, da qual provêm o dom da vida nova em Cristo. Em tal perspectiva de fundo, no seu serviço de educação à fé, a catequese não deve omitir, mas esclarecer, ao invés, como convém algumas realidades, tais como a ação do homem pela libertação sua integral, a busca de uma sociedade mais solidária e fraterna, a luta pela justiça e pela construção da paz.

Para esse fim, é necessário acompanhar o raciocínio do Magistério em relação à doutrina social e às metodologias na aplicação de seus conteúdos em realidades diversas. A leitura direta das encíclicas da DSI, efetuada no contexto eclesial e da sociedade, enriquece sua recepção e aplicação, graças ao aporte das diversas competências e profissionalismos presentes na comunidade.

É fundamental que o ensino social da Igreja no âmbito da catequese esteja direcionado à ação evangelizadora da Igreja e aberto aos novos caminhos da missão. O ensino dessa natureza, de fato, faz a Igreja exprimir um saber teórico-prático que visa à transformação da vida social, sempre inspirada na proposta do reino de Deus.

A catequese social visa à formação de pessoas que respeitem a ordem moral, busquem uma profunda e genuína liberdade em seus fazeres e tenham sabedoria para julgar as situações à luz de Deus. As encíclicas sociais contemplam o extraordinário valor formativo do testemunho oferecido pelo cristianismo vivido, como aponta o CDSI (Pontifício Conselho "Justiça e Paz", 2006, p. 161, n. 530):

> É particularmente a vida de santidade, resplandecente em tantos membros do Povo de Deus, humildes e, com frequência, despercebidos aos olhos dos homens, que constitui o caminho mais simples e fascinante, onde é permitido perceber imediatamente a beleza da verdade, a força libertadora do amor de Deus, o valor da fidelidade incondicional a todas as exigências da lei do Senhor, mesmo nas circunstâncias mais difíceis.

Nesse sentido, a formação catequética deve fornecer os elementos concretos para os agentes de caridade cristã trabalharem no ambiente paroquial, pensando nas pessoas que passam por necessidades.

5.3.2 Dois níveis da doutrina cristã

A formação na doutrina social é principalmente dirigida aos leigos cristãos em dois âmbitos: o primeiro implica fazê-los capazes de assumir a responsabilidade social no âmbito da paróquia, e o segundo se refere ao âmbito da sociedade, ou seja, a tomada de consciência em relação ao contexto político e a aplicação da doutrina social. A formação não deve ser isolada (somente no âmbito religioso e direcionada apenas aos católicos), devendo contemplar também outros setores da sociedade. Tal formação deve ter em conta o empenho na vida civil, principalmente em vista dos indivíduos de boa vontade, dos leigos, sem esperar passivamente ordens e diretrizes, imbuída de espírito cristão, na mentalidade e nos costumes. Como aponta o CDSI (Pontifício Conselho "Justiça e Paz", 2006, p. 163, n. 531),

> O primeiro nível da obra formativa dirigida aos cristãos leigos deve render-lhes capazes de enfrentar eficazmente as tarefas cotidianas nos âmbitos culturais, sociais, econômicos e políticos, desenvolvendo neles o sentido de dever praticado ao serviço do bem comum. Um segundo nível diz respeito a formação da consciência política para preparar os cristãos leigos ao exercício do poder político: "Aqueles que são ou podem tornar-se capazes de exercer a arte muito difícil, mas ao mesmo tempo muito nobre, da política, devem preparar-se para ela; que eles se entreguem a ela com zelo, sem se preocuparem com o seu interesse pessoal nem com as suas vantagens materiais".

As escolas educativas dirigidas pelas irmãs ou pelas dioceses podem desempenhar um precioso serviço formativo, esforçando-se com especial solicitude pela inculturação da mensagem cristã, ou seja, pelo encontro fecundo entre o evangelho e as ciências sociais, como antropologia, sociologia e psicologia. Assim, podemos perceber que

> A doutrina social é um instrumento necessário para uma eficaz educação cristã ao amor, à justiça, à paz, assim como para amadurecer a consciência dos deveres morais e sociais no âmbito das diversas competências culturais e profissionais. Um importante momento de formação é representado pelas «Semanas Sociais» dos católicos que o Magistério sempre encorajou. Elas constituem um lugar qualificado de expressão e de crescimento dos fiéis leigos, capazes de promover, em um nível alto, o seu específico contributo à renovação da ordem temporal. (Pontifício Conselho "Justiça e Paz", 2006, p. 163, n. 532)

Esse tipo de trabalho conjunto, praticado em diversos países, é um espaço de experiência, comunicação, confrontos, diálogos e reflexões para encontrar novas saídas para a inserção da doutrina social.

5.4 Diálogo com vários setores da sociedade

O diálogo é fundamental no contexto atual da sociedade, visto que ela está se tornando cada vez mais plural. Na pluralidade, é necessário que haja uma convivência harmônica entre os seres humanos que pertencem a diferentes culturas e nacionalidades. Para essa harmonia, é essencial que haja diálogo. Porém, o diálogo não pode ser somente com um ou outro, mas com todos os setores da sociedade. Como assevera o CDSI (Pontifício Conselho "Justiça e Paz", 2006, p. 164, n. 535),

> A doutrina social é um instrumento eficaz de diálogo entre as comunidades cristãs e a comunidade civil e política, um instrumento apto para promover e para inspirar atitudes de correta e fecunda colaboração, segundo modalidades adequadas às circunstâncias. O esforço das autoridades civis e políticas, chamadas a servir a vocação pessoal e social do homem, de acordo com a própria competência e com os próprios meios, pode encontrar na doutrina social da Igreja um importante apoio e uma rica fonte de inspiração.

Nesse sentido, o ensinamento social abre espaço para a colaboração em diversos níveis. Por exemplo, no campo da religião, aponta para as relações ecumênicas e inter-religiosas com pessoas de tradições diferentes; no campo social, busca um combate eficaz contra a miséria, a fome e a pobreza; no campo humano, tenta promover a paz e erguer a dignidade humana. Também procura estabelecer medidas concretas em relação ao analfabetismo, à distribuição não equitativa dos bens e à carência de moradias. Assim, a ação caritativa contempla e desenvolve a consciência de fraternidade na pessoa de Jesus, levando a humanidade ao respeito, ao profundo amor e à harmonia, como o próprio Jesus o fez em sua vida.

5.4.1 Diálogos na Bíblia

Percorrendo as páginas da Bíblia, podemos encontrar diversos diálogos entre Deus e os humanos. A própria encarnação de Jesus é um diálogo que Deus inicia com o objetivo de salvar a humanidade. Deus dialogava por meio das alianças, entre as quais a Aliança selada no Monte Sinai, que se tornou um pacto profundo entre o divino e o humano e também serviu como ponto de partida para o surgimento da tradição judaica. Essa aliança precedeu a libertação do povo hebreu da escravidão do Egito, na liderança de Moisés, que também precisou dialogar com o faraó.

Ao longo dos anos, em Israel, as doze tribos precisavam dialogar entre si e também com povos vizinhos para preservar a fidelidade a Deus. Os profetas dialogavam com reis e nobres quando havia desvios da Aliança; era um diálogo profético. Em sua missão, Jesus também teve diálogos com os discípulos e com as autoridades para estabelecer a dignidade humana principalmente dos excluídos. A Igreja herdou esse patrimônio espiritual da Bíblia e tentou colocá-lo em prática. Atualmente ele se tornou a base sobre a qual pode crescer o acordo tendo em vista a superação de toda a discriminação e a defesa da dignidade humana. Como indica o CDSI (Pontifício Conselho "Justiça e Paz", 2006, p. 163, n. 537),

> A doutrina social se caracteriza também por um constante apelo ao diálogo entre todos os crentes das religiões do mundo, para que saibam compartilhar a busca de formas mais oportunas de colaboração: as religiões têm um papel importante para a consecução da paz, que depende do empenho comum em vista do desenvolvimento integral do homem. No espírito dos Encontros de oração realizados em Assis, a Igreja continua a convidar os crentes de outras religiões ao diálogo e a favorecer, em todo o lugar, um testemunho eficaz dos valores comuns a toda a família humana.

Desse modo, percebemos que a palavra-chave na atualidade é o diálogo. Somente no diálogo as divisões são superadas e é possível promover a paz e a tranquilidade entre os humanos.

5.5 Agentes da pastoral da ação caritativa da Igreja

Quando se trata da ação caritativa, precisamos encontrar pessoas capazes de elaborar esses gestos, as quais chamamos de *agentes da pastoral*. A Igreja sempre teve inúmeras pessoas que se empenharam com muita dedicação e cumpriram a missão seguindo a pessoa de Jesus. Jesus mesmo citou o profeta Isaías no início de sua missão apontando que viera trazer a boa nova aos pobres e a libertação aos oprimidos. Mais do que nunca, no contexto atual da sociedade, a resposta missionária da Igreja exige a disponibilidade de procurar e encontrar a presença de Deus na solidariedade para com os pobres, os oprimidos e os marginalizados do mundo. Isso pressupõe disponibilidade de pessoas que consigam dar continuidade à proposta de Jesus.

Em suas várias articulações, a Igreja sempre buscou por intermédio de seus fiéis, conforme os dons e a escolha da vocação, a ação caritativa. Sabendo que o povo de Deus deve corresponder ao dever de anunciar e testemunhar o evangelho (1Cor 9,16), os agentes da pastoral tomam consciência de que a missão é dever de todos os cristãos. Segundo o CDSI (Pontifício Conselho "Justiça e Paz", 2006, p. 164, n. 538),

> Também a obra pastoral em âmbito social é destinada a todos os cristãos, chamados a transformar-se em sujeitos ativos no testemunho da doutrina social e a inserir-se plenamente na consolidada tradição de atividade fecunda de milhões e milhões de homens que, estimulados pelo ensinamento do Magistério social, procuraram inspirar-se nele para o próprio compromisso no mundo. Os cristãos de hoje, agindo individualmente, ou variamente coordenados em grupos, associações e organizações, devem saber propor-se como um grande movimento empenhado na defesa da pessoa humana e na tutela da sua dignidade.

Os agentes da pastoral são diversos e pertencem à comunidade paroquial. Não é somente um pequeno grupo que se envolve na caridade cristã, mas toda a comunidade conjunta, partindo de seus líderes e fiéis. Essa dinâmica deve ser mantida e funciona para o melhor atendimento dos necessitados, tanto da paróquia como da sociedade.

5.5.1 Bispo: pastor da diocese

A Igreja tem uma hierarquia muito bem estabelecida, em que cada fiel assume responsabilidades conforme sua vocação. No contexto da Igreja particular, o primeiro responsável pelo empenho pastoral de evangelização é o bispo, chamado de *pastor*. A tarefa principal é criar a comunhão entre os fiéis para que haja o desenvolvimento da pastoral. A liderança é fundamental para conduzir toda a dimensão da caridade no âmbito da Igreja. Como afirma o Documento 100 (CNBB, 2014, n. 195), "Os bispos serão os primeiros a fomentar, em toda a diocese, a conversão pastoral das paróquias. Eles são os responsáveis por desencadear o processo de renovação das comunidades, especialmente na missão com os afastados, chamados a fazer da Igreja casa e escola de comunhão".

O bispo tem a responsabilidade de promover a unidade espiritual nas celebrações e, ao mesmo tempo, encorajar os fiéis para difundir a doutrina social mediante instituições apropriadas. A atuação do bispo se dá no ministério dos presbíteros no âmbito das paróquias, que também fazem seus trabalhos de evangelização com a comunidade paroquial.

O Papa Francisco chama a atenção para o fato de que os bispos devem ser pessoas simples, acolhedoras e animadoras de uma nova postura pastoral, marcada pela cultura do encontro e da proximidade. Devem animar os presbíteros para enfrentarem os desafios e as dificuldades pastorais, bem como fortalecer o clero em sua missão e espiritualidade.

5.5.2 Presbítero: pastor da paróquia

O presbítero, que é o auxiliar do bispo no contexto paroquial, desempenha o serviço pastoral no campo espiritual, sacramental e social. Sendo a paróquia um lugar privilegiado para encontros e reuniões, o presbítero também pode concentrar suas atividades no apostolado social com as inspirações das encíclicas da DSI. De acordo com o Documento 100 (CNBB, 2014, n. 199),

> Todo presbítero é chamado a ser padre-pastor, dedicado, generoso, acolhedor e aberto ao serviço na comunidade. Há, contudo, uma sobrecarga de múltiplas tarefas assumidas, especialmente

pelos párocos, impostas ou solicitadas pelo bem da comunidade: muitas atividades sociais, atendimentos individuais, numerosas e rotineiras celebrações dos sacramentos, reuniões, responsabilidades administrativas e tantas outras atividades. O excesso de atividades pastorais é um sinal preocupante: pode prejudicar o equilíbrio pessoal do padre.

Além disso, segundo o CDSI (Pontifício Conselho "Justiça e Paz", 2006, p. 164, n. 539),

> Com a programação de itinerários formativos oportunos, o presbítero deve dar a conhecer a doutrina social e promover nos membros da sua comunidade a consciência do direito e dever de ser sujeitos ativos de tais doutrinas. Através das celebrações sacramentais, em particular da Eucaristia e da Reconciliação, o sacerdote ajuda a viver e empenho social como fruto do Mistério salvífico. Ele deve animar a ação pastoral no âmbito social, curando com particular solicitude a formação e o acompanhamento espiritual dos fiéis empenhados na vida social e política.

A renovação da paróquia requer uma vivência comunitária do ministério, evitando-se o personalismo e isolamentos em relação à diocese. O pároco deve acolher bem as pessoas, cultivar uma profunda experiência de Cristo vivo e ser apaixonado pelo discipulado, indo ao encontro dos afastados da comunidade. A formação, realizada em seminários, considera a paróquia, de antemão, como "comunidade de comunidade".

5.5.3 Diáconos e consagrados

A caridade no contexto paroquial supõe a atuação dos diáconos, que preferencialmente devem morar no meio da comunidade, ajudando no atendimento a dependentes químicos, na universidade, em hospitais, sendo sinal da dupla sacramentalidade, explícita na presença servidora de Cristo. Referindo-se aos diáconos, o Documento 100 (CNBB, 2014, n. 206) afirma que "a eles pode ser confiada uma comunidade não territorial, como o atendimento a dependentes químicos, a universidades ou a hospitais, por exemplo. Em caso de necessidade, a eles pode ser confiada a administração de uma paróquia".

Por sua vez, os consagrados (religiosos, religiosas e institutos seculares) são convidados a participar ativamente da renovação paroquial, comprometidos com a ação pastoral de acordo com seus carismas. As paróquias confiadas às famílias religiosas fazem parte da diocese, e suas promoções vocacionais e sua atuação devem ser alinhadas com a Igreja particular para que o vínculo de comunhão seja mantido. As religiosas podem contribuir de maneira eficaz para que se tornem autênticas comunidades de comunidades, particularmente junto às famílias mais ameaçadas, assumindo a coordenação de paróquias quando isso se faz necessário e é solicitado.

As pessoas consagradas, que geralmente são chamadas de *religiosos*, posicionam-se na missão fronteira da Igreja. A ação pastoral no âmbito social não ficaria visível sem a dedicação de pessoas consagradas. Elas são testemunhas principalmente nas situações de extrema pobreza, em que articulam os trabalhos sociais com seu testemunho e sua vivência exemplar. A inspiração se encontra no Documento 100 (CNBB, 2014, n. 209):

> O dom total de si dos religiosos oferece-se à reflexão comum também como um sinal emblemático e profético da doutrina social: colocando-se totalmente ao serviço do mistério da caridade de Cristo para com o homem e o mundo, os religiosos antecipam e mostram na sua vida alguns traços da humanidade nova que a doutrina social quer propiciar. As pessoas consagradas na castidade, na pobreza e na obediência colocam-se ao serviço da caridade pastoral, sobretudo com a oração, graças à qual contemplam o

projeto de Deus sobre o mundo, elevam súplicas ao Senhor para que abra o coração de cada homem para acolher em si o dom da humanidade nova, preço do sacrifício de Cristo.

Nesse sentido, o desafio da renovação da paróquia está em estimular a organização das diversas pessoas e da comunidade, para que promovam uma intensa vida dos discípulos e missionários de Jesus Cristo. Por meio de todas as suas atividades, a paróquia incentiva e forma seus membros para serem agentes da evangelização. A paróquia é fundamental para a missão evangelizadora, porém insuficiente ao se considerar a complexidade da realidade atual, que requer meios de evangelização que não se limitam à paróquia, devendo ser estendidos a outras organizações.

Síntese

Este capítulo tratou das pastorais desenvolvidas no âmbito da paróquia. A paróquia é um lugar onde se encontra o ambiente para as pastorais, pois há uma estrutura adequada e pessoas que se reúnem para as celebrações eucarísticas, também motivadas para outras obras de caridade. Quando a liderança motiva aos trabalhos, a paróquia consegue apresentar propostas concretas no âmbito da caridade. Desse modo, abordamos as diversas pastorais que são desenvolvidas no ambiente paroquial, um apelo da Igreja para o mundo. Apresentamos também os contextos do trabalho e os agentes da caridade cristã, fatores fundamentais para elaborar uma pastoral digna nas paróquias.

Indicação cultural

PASTORAIS sociais "A Igreja em Saída". **Paróquia Santa Mena – Diocese de Guarulhos**, 1º mar. 2015. Disponível em: <https://www.youtube.com/watch?v=WWWv3Bf1MqA>. Acesso em: 9 set. 2023.

Esse vídeo produzido pela Paróquia Santa Mena, na Diocese de Guarulhos, mostra um trabalho da Pastoral da Criança, desenvolvido para atingir as pessoas que têm necessidade, especialmente as crianças.

Atividades de autoavaliação

1. Leia as proposições a seguir e assinale aquela que identifica a tríplice dimensão da paróquia:
   a) A paróquia é o lugar da eucaristia; é o lugar da comunhão das famílias; e é um lugar onde se faz a caridade.
   b) A paróquia é o lugar somente da celebração da eucaristia e não promove outras atividades.
   c) A paróquia é o lugar da eucaristia; é o lugar da comunhão das famílias; e também é lugar de recreio.
   d) A paróquia é o lugar da eucaristia, e outras atividades como caridade são realizadas em outros ambientes.
   e) A paróquia é o lugar do encontro das pessoas para fazer a caridade e outras atividades não existem no âmbito dela.

2. Como se compreende o conceito de inculturação?
   a) Pode-se compreender que inculturação implica uma forma de adaptar-se a uma nova realidade cultural semelhante à sua.
   b) A inculturação implica uma adaptação a um novo ambiente cultural, muito diferente do seu.
   c) A inculturação é um processo de conhecer outra cultura, mas sem viver os valores dela.
   d) Pode-se compreender que a inculturação é a forma de aprender sua própria cultura.
   e) Pode-se compreender que a inculturação é uma forma de socialização que abre a possibilidade de conhecer a si mesmo.

3. Quais das proposições a seguir indicam corretamente os dois níveis da formação social cristã para os leigos?
   I. O primeiro nível da obra formativa é ensinar a viver uma vida cotidiana numa forma digna.
   II. O primeiro nível da obra formativa dirigida aos cristãos leigos deve torná-los capazes de enfrentar eficazmente as tarefas cotidianas nos âmbitos culturais, sociais, econômicos e políticos.
   III. Um segundo nível diz respeito à formação da consciência política para preparar os cristãos leigos para o exercício do poder político.
   IV. Um segundo nível diz respeito à formação da consciência política para preparar os cristãos para se defenderem dos ataques dos outros.

   Estão corretas as proposições:
   a) I e II.
   b) I e III.
   c) II e III.
   d) II e IV.
   e) I e IV.

4. Identifique quais são os agentes pastorais:
   a) O bispo, na capela; o presbítero, na Igreja; e os consagrados, na diocese.
   b) O bispo, na paróquia; o presbítero, na diocese; e os consagrados, em casa.
   c) Todos são agentes da pastoral no âmbito da paróquia, portanto não existe um grupo específico.
   d) O bispo, na diocese; o presbítero, na paróquia; e os consagrados, no âmbito geral.
   e) O bispo, na diocese; o presbítero, na capela; e os consagrados, na paróquia.

5. De que forma a doutrina social se caracteriza no âmbito da Igreja?
   a) Caracteriza-se por um constante apelo ao diálogo entre todos os crentes das religiões do mundo para que saibam desenvolver suas ideias para se defenderem.
   b) Caracteriza-se por um constante apelo ao diálogo entre as pessoas de boa vontade para se cuidarem.
   c) Caracteriza-se por um constante apelo ao diálogo entre todos os adeptos para seguir suas tradições.
   d) Caracteriza-se por um constante apelo ao diálogo entre todos os crentes das religiões do mundo para discutir como realizar as guerras santas.
   e) Caracteriza-se por um constante apelo ao diálogo entre todos os crentes das religiões do mundo para que saibam compartilhar a busca de formas mais oportunas de colaboração.

Atividades de aprendizagem

Questões para reflexão

1. Faça uma visita a uma paróquia e observe todas as atividades sociais caritativas desenvolvidas. Escreva um resumo das atividades que você pôde perceber, indicando os agentes pastorais envolvidos em cada uma delas.

2. Das atividades que você presenciou, qual foi a que mais o sensibilizou? Por quê?

Atividade aplicada: prática

1. Considerando a atividade anterior, descreva a dimensão mais profunda da caridade promovida na paróquia que você visitou.

6
Promoção da dignidade humana em um mundo desigual

Todos os seres humanos são abertos à transcendência, isto é, a Deus. Essa condição abre possibilidades infinitas no campo das relações.

Como apresenta o Compêndio da Doutrina Social da Igreja (CDSI), o ser humano se mostra

> Aberto antes de tudo ao infinito, isto é, a Deus, porque com a sua inteligência e a sua vontade se eleva acima de toda a criação e de si mesmo, torna-se independente das criaturas, é livre perante todas as coisas criadas e tende à verdade e ao bem absoluto. [...] Sai de si, da conservação egoística da própria vida, para entrar numa relação de diálogo e de comunhão com o outro. A pessoa é aberta à totalidade do ser, ao horizonte ilimitado do ser. Tem em si a capacidade de transcender cada objeto particular que conhece, efetivamente, graças a esta sua abertura ao ser sem confins. (Pontifício Conselho "Justiça e Paz", 2006, p. 48, n. 130)

Por outro lado, percebemos que vivemos em uma sociedade em que as pessoas buscam o sentido da vida e da autocompreensão de forma egoísta, que não dá possibilidade de abrir-se ao outro e ao transcendente. A alma humana faz muitas vezes seus próprios caminhos em direção ao divino. De certo modo, ela se guia por sua dimensão cognoscitiva. Conforme o CDSI (Pontifício Conselho "Justiça e Paz", 2006, p. 48, n. 130),

> todas as coisas imateriais gozam de uma certa infinidade, enquanto abraçam tudo, ou porque se trata da essência de uma realidade espiritual que serve de modelo e semelhança de tudo, como é no caso de Deus, ou porque possui a semelhança de tudo, ou em ato como nos Anjos, ou em potência como nas almas [...].

Mesmo em um mundo desigual, algumas pessoas têm a facilidade de encontrar um ambiente para se relacionarem com a transcendência e com outras criaturas; já outros precisam lutar para sobreviver. Como afirmam Zacharias e Manzini (2018, p. 30),

> O problema é que nos deparamos com um contexto de profunda pobreza, crescente violência, escandalosa injustiça, sistêmica corrupção, alarmantes processos migratórios, persistente violação dos direitos humanos, frutos do fracasso de modelos econômicos e políticos que não cumpriram seu papel de dar possibilidades de vida digna aos seus cidadãos. Tudo isso, imensidade das questões que envolve, provoca apatia, descrença desesperança.

Neste capítulo, analisaremos questões cruciais que freiam a promoção da dignidade humana em uma sociedade desigual. O contexto mundial contemporâneo vê o crescimento no número de imigrantes, o que leva parte da população à extrema pobreza. Por isso, o foco serão as áreas que necessitam cuidados específicos por parte da Igreja e da sociedade, no intuito de promover a dignidade humana. Trataremos, em um primeiro momento, da proteção dos inocentes e refugiados e, em seguida, mapearemos a realidade do terrorismo, que causou violência e morte em algumas regiões do planeta. Por fim, abordaremos a necessidade de paz no mundo e o que as religiões podem oferecer nesse campo.

6.1 Dever de proteger os inocentes

Quem são os inocentes? No contexto atual, essa pergunta remete a respostas diversas. Os inocentes são aqueles que não conseguem defender a si próprios das agressões dos outros, mas também aquelas pessoas que têm certa fragilidade, seja física, seja mental, para lidar com sua própria vida. Além disso, os inocentes são aqueles afetados pela perseguição por motivos religiosos, afetados pela guerra que precisam fugir para se protegerem, deixando suas próprias casas e buscando outros abrigos. Como aponta o CDSI (Pontifício Conselho "Justiça e Paz", 2006, p. 156, n. 504),

> O direito ao uso da força com o objetivo de legítima defesa é associado ao dever de proteger e ajudar as vítimas inocentes que não podem defender-se das agressões. Nos conflitos da era moderna, frequentemente no seio do próprio Estado, as disposições do direito internacional humanitário devem ser plenamente respeitadas. Em muitas circunstâncias a população civil é atingida, por vezes também como objetivo bélico. Em alguns casos, é brutalmente massacrada ou desenraizada das próprias casas e das próprias terras com transferências forçadas, sob o pretexto de uma purificação étnica inaceitável.

Em tais circunstâncias trágicas, é necessário que a ajuda humanitária chegue à população afetada. Essa ajuda não é para deixar as populações dependentes, mas para elevar a dignidade delas para que possam construir a própria trajetória. O bem-estar da pessoa humana deve ter precedência sobre os interesses das partes em conflito.

O princípio de humanidade, inscrito na consciência de cada pessoa e povo, comporta a obrigação de manter as populações civis ao abrigo dos efeitos da guerra. Porém, existe outro fator que cria uma população inocente: a desigualdade social. Entendemos que a desigualdade social não é um acidente de percurso na lógica econômica, mas fruto de uma economia desumana que exclui e mata. Como afirma Alves (2016, p. 147), "a desigualdade social impacta sobre a vida em sociedade, pois, é a partir dela que decorre a violência, seja entre os indivíduos, seja entre os diversos povos, porque o sistema social e econômico é injusto na sua raiz".

No contexto atual do mundo, sentimos a necessidade de encontrar um novo consenso sobre os princípios humanitários e de consolidar os fundamentos, a fim de impedir ou repetir as atrocidades e os abusos. Os efeitos da guerra elevaram a desigualdade econômica entre as populações, portanto é fundamental que certos princípios sejam estabelecidos para a promoção da dignidade humana, principalmente dos inocentes.

6.1.1 Proteção dos migrantes e refugiados

O mundo testemunha hoje um nível de mobilidade humana sem precedentes. Mais de 240 milhões de pessoas vivem fora de seu país de nascimento.

> Algumas migram à procura de melhores oportunidades econômicas, outras tentam escapar de conflitos armados, pobreza, fome, perseguição, terrorismo ou grave violação de direitos humanos. Há ainda aquelas que deixam seus lares em razão das consequências dos desastres naturais e mudanças climáticas. (Márquez; Godoy, 2016, p. 15-16)

O surgimento da categoria dos migrantes e refugiados se deve a guerras entre as nações ou tribos, à violência gerada pela perseguição religiosa, fazendo com que pessoas sejam constrangidas a fugir dos lugares em que vivem habitualmente, procurando abrigo em países diferentes daqueles em que nasceram. Essa realidade se tornou visível nos últimos anos, com os inúmeros refugiados oriundos de Síria, Iraque, Afeganistão e Ucrânia, entre outros. Qual seria o papel da Igreja diante dessa realidade?

A Igreja parece ter encontrado seu papel fundamental principalmente no que diz respeito à acolhida dos imigrantes. Com a presença dos missionários religiosos, esses imigrantes e refugiados são acolhidos em um primeiro momento e, logo em seguida, é oferecida a eles uma adequada estrutura para sobreviver; finalmente, são encaminhados para que sejam supridos outros aspectos fundamentais, como educação e formação às crianças, emprego aos adultos, além de uma moradia digna. Um caso recente foi o acolhimento pela Igreja, na Polônia e na Ucrânia, dos refugiados da guerra na Ucrânia. As grandes estruturas seminarísticas e conventuais serviram para esse acolhimento. A solicitude pelos refugiados deve reafirmar e sublinhar os direitos humanos, universalmente reconhecidos, e fazer com que eles sejam efetivamente realizados.

Todavia, existem também correntes que fazem parte das organizações criminosas, principalmente alguns líderes políticos que tentam eliminar grupos de oposição, grupos étnicos, religiosos ou linguísticos. Apesar de serem considerados criminosos, dispõem de força para criar mais violência e morte; assim, praticam delitos contra Deus e contra a própria humanidade e devem ser responsabilizados por tais crimes, devendo ser chamados a responder diante das cortes de justiça nacionais e internacionais.

Tragicamente, o século XX caracterizou-se por vários genocídios: dos armênios, dos ucranianos, dos cambojanos, aqueles ocorridos na África, entre os hutus e os tutsis, e nos Bálcãs. Entre eles se destaca o Holocausto do povo judeu na Segunda Guerra Mundial, registrando-se crimes contra Deus e contra a humanidade. É dever das nações agir em prol da proteção dos grupos afetados por essas brutalidades.

> A Comunidade Internacional no seu conjunto tem a obrigação moral de intervir em favor destes grupos, cuja própria sobrevivência é ameaçada ou daqueles que os direitos fundamentais são maciçamente violados. Os estados, enquanto parte de uma comunidade internacional, não podem ficar indiferentes: ao contrário, se todos os outros meios à disposição se revelarem ineficazes, é legítimo e até forçoso empreender iniciativas concretas para desarmar o agressor. O princípio da soberania nacional não pode ser aduzido como motivo para impedir a intervenção em defesa das vítimas.

> As medidas adotadas devem ser realizadas no pleno respeito do direito internacional e do princípio fundamental da igualdade entre os Estados. A Comunidade internacional dotou-se também de uma Corte Penal Internacional para punir os responsáveis por atos particularmente graves: crimes de genocídio, crimes contra a humanidade, crimes de guerra, crimes de agressão. (Pontifício Conselho "Justiça e Paz", 2006, p. 156, n. 506)

É interessante notar que a Igreja e especialmente o Magistério não deixaram de encorajar repetidamente o acolhimento aos refugiados. A encíclica *Deus Caritas Est*, publicada no Natal de 2005 pelo Papa Bento XVI, mostra a importância que o tema do amor vinculado à caridade, principalmente em relação à realidade dolorosa dos imigrantes e refugiados, adquiriu a partir das guerras no Afeganistão, no Iraque e na Síria. A encíclica expressa:

> Num mundo em que ao nome de Deus se associa às vezes a vingança ou mesmo o dever do ódio e da violência, esta é uma mensagem de grande atualidade e de significado muito concreto. Por isso, na minha primeira Encíclica, desejo falar do amor com que Deus nos cumula e que deve ser comunicado aos outros por nós. (Bento XVI, 2005, n. 1)

O Papa Francisco apresenta a continuidade da inquietação de Bento XVI e faz um apelo com as mãos dadas com os movimentos sociais:

> "Visto que todas as criaturas estão interligadas, deve ser reconhecido com carinho e admiração o valor de cada uma, e todos nós, seres criados, precisamos uns dos outros" (42). Isso mesmo: nós, humanos, somos os que mais dependem de todos os outros seres. Logo, é estupidez o antropocentrismo que exalta individualmente o ser humano abrindo espaço para o sistema pisar, violentar e assassinar tantos seres vivos. (Moreira, 2016, p. 201)

O papa sempre buscou alertar os líderes internacionais para que protejam esses grupos e lhes deem valor e dignidade. Ele mesmo deu exemplo tomando todas as medidas para proteger migrantes e refugiados que se encontram nas ruas do Vaticano. Podemos perceber a inquietação do papa com a situação atual da humanidade em um congresso internacional realizado em Roma, no ano de 2016, para discutir os temas ligados à encíclica *Deus Caritas Est* e também à situação dos imigrantes e refugiados. Francisco salientou que

> A Encíclica Deus Caritas est conserva intacto o vigor da sua mensagem, com a qual indica a perspectiva sempre atual para o caminho da Igreja. E todos seremos tanto mais verdadeiros cristãos, quanto mais vivermos este espírito" (Francisco, 2016b). De fato, o tema do amor encarnado como serviço encontra-se bastante enraizado na atuação do Papa Francisco. (Diehl, 2020, p. 131)

Dessa forma, encontramos diversas tentativas e mecanismos para proteger os imigrantes e refugiados por parte do Magistério.

6.2 Condenação do terrorismo

A questão do terrorismo ficou mais visível a partir dos ataques às duas torres nos Estados Unidos, no dia 11 de setembro de 2001. O terrorismo sempre existiu, porém sua visibilidade na atualidade é alarmante. Como explica o CDSI (Pontifício Conselho "Justiça e Paz", 2006, p. 158, n. 513),

> O terrorismo é uma das formas mais brutais de violência que atualmente atribula a Comunidade Internacional: semeia ódio, morte, desejo de vingança e de represália. De estratégia subversiva típica somente de algumas organizações extremistas, ordenada à destruição das coisas e à morte de pessoas, o terrorismo se transformou

em uma rede obscura de cumplicidades políticas, utiliza também meios técnicos sofisticados, vale-se frequentemente de enormes recursos financeiros e elabora estratégias de vasta escala, atingindo pessoas totalmente inocentes, vítimas casuais das ações terroristas. Alvos dos ataques terroristas são, em geral, os lugares da vida cotidiana e não objetivos militares no contexto de uma guerra declarada. O terrorismo atua e ataca no escuro, fora das regras com que os homens procuraram disciplinar, por exemplo, mediante o direito internacional humanitário, os seus conflitos: "Em muitos casos, o uso dos métodos do terrorismo tem-se como novo sistema de guerra". Não se devem descurar as causas que podem motivar tal inaceitável forma de reivindicação.

A luta contra o terrorismo pressupõe o dever moral de contribuir para criar as condições a fim de que essa situação não nasça ou se desenvolva.

6.2.1 Atitude em relação ao terrorismo

Qualquer violência deve ser evitada. As nações devem se unir contra a violência. Entre as violências mais radicais, o terrorismo parece ser a mais brutal. Os atos terroristas atentam contra a dignidade do ser humano e são uma ofensa cruel contra humanidade. Esses atos elevam as situações de morte, migrações e a pobreza, sem falar em outros abusos, principalmente de crianças e adolescentes. Por isso, o Estado e as organizações internacionais, sobretudo aquelas que lidam com direitos humanos, devem resolver esse problema de uma forma eficiente.

Muitas vezes, os atos terroristas foram vinculados a uma tradição religiosa, o que de fato não é verdade. Todas as tradições religiosas têm adeptos mais fanáticos que podem praticar atos violentos, mas isso não significa que toda a tradição religiosa é terrorista. Portanto, é fundamental identificar os culpados pelos atos terroristas, pois a responsabilidade penal é sempre pessoal e, assim, não pode ser estendida às religiões, às nações ou às etnias às quais os terroristas pertencem. Nesses casos, é importante que haja colaboração internacional para se elaborarem operações repressivas e punitivas. Cada governo deve também reservar recursos suficientes para enfrentar esses ataques.

Além disso, com frequência o terrorismo vinculado à profanação e à blasfêmia leva o sujeito a proclamar-se terrorista em nome de Deus. Nesse caso, instrumentaliza-se também Deus, e não apenas o homem, enquanto se presume possuir totalmente a Sua verdade ao invés de procurar ser possuído por ela. Alguns se consideram mártires, aqueles que morrem executando atos terroristas, distorcendo o conceito de martírio, que é o testemunho de quem se deixa matar por não renunciar a Deus, e não de quem mata em nome de Deus. Nenhuma religião pode tolerar o terrorismo e muito menos pregá-lo. As religiões estão antes empenhadas em colaborar para remover as causas do terrorismo e para promover a amizade entre os povos.

6.3 Ameaça à paz no mundo

A busca da paz é uma luta perene dos seres humanos. A paz sempre está distante. Precisamos fazer algum esforço para que haja paz no coração. Os atos de violência e o discurso de ódio podem ser ameaças profundas à paz no mundo. A Igreja tem trabalhado bastante para promover a paz no mundo, como sugere o CDSI (Pontifício Conselho "Justiça e Paz", 2006, p. 159, n. 516):

> A promoção da paz no mundo é parte integrante da missão com que a Igreja continua a obra redentora de Cristo sobre a terra. A Igreja, de fato, é, "em Cristo, 'sacramento'", ou seja, sinal e instrumento de paz no mundo e para o mundo". A promoção da

verdadeira paz é uma expressão da fé cristã no amor que Deus nutre por cada ser humano. Da fé libertadora no amor de Deus derivam uma nova visão do mundo e um novo modo de aproximar-se do outro, seja esse outro um indivíduo ou um povo inteiro: é uma fé que muda e renova a vida, inspirada pela paz que Cristo deixou aos Seus discípulos (Jo 14,27). Movida unicamente por tal fé, a Igreja entende promover a unidade dos cristãos e uma fecunda colaboração com os crentes de outras religiões. As diferenças religiosas não podem e não devem constituir uma causa de conflito: a busca comum da paz por parte de todos os crentes é antes um forte fator de unidade entre os povos.

Muitos fatores ameaçam a paz no mundo. Além dos atos terroristas, existem também a desordem econômica, os problemas familiares, a má distribuição dos recursos e, finalmente, o abuso da natureza. As medidas de controle e as sanções são importantes, pois o verdadeiro objetivo de tais medidas é abrir caminho para as tratativas e o diálogo na resolução dos problemas. Deve ficar claro também que as sanções são formas de organizar a vida das populações afetadas pelos conflitos e estabelecer a paz. As sanções são formas previstas no ordenamento internacional contemporâneo que procuram corrigir o comportamento do governo de um país que viola as regras da convivência internacional pacífica e ordenada ou que põe em prática formas graves de opressão sobre a população.

6.3.1 Papel da Igreja pela paz

Uma das tarefas da Igreja é defender e estabelecer a paz no mundo. Ela motiva seus fiéis a rezar pelos outros, principalmente aqueles que criam problemas para a humanidade. O CDSI (Pontifício Conselho "Justiça e Paz", 2006, p. 160, n. 519) aponta essa tarefa de forma clara:

> A Igreja luta pela paz com a oração. A oração abre o coração não só a uma profunda relação com Deus, como também ao encontro com o próximo sob o signo do respeito, da confiança, da compreensão, da estima e do amor. A oração infunde coragem e dá apoio a todos os verdadeiros amigos da paz, os quais procuram promovê-la nas várias circunstâncias em que se encontram a viver. A oração litúrgica é simultaneamente cimo para o qual se dirige a ação da Igreja e a fonte da qual promana toda a sua força; em particular a celebração eucarística, fonte e convergência de toda a vida cristã, é nascente inesgotável de todo autêntico compromisso cristão pela paz.

A Igreja pede que as pessoas, os povos, os Estados e as nações participem da preocupação com o restabelecimento e a consolidação da paz, ressaltando em particular a importante função do direito internacional. A Igreja ensina que uma verdadeira paz só é possível por meio do perdão e da reconciliação. O perdão recíproco não deve anular as exigências da justiça, tampouco bloquear o caminho que leva à verdade: justiça e verdade representam os requisitos concretos da reconciliação.

O papel da Igreja no estabelecimento da paz também encontra suas raízes na espiritualidade:

> O cristão não pode aceitar uma sociedade que põe a competitividade acima da solidariedade; a apropriação privada das riquezas acima dos direitos humanos; a degradação da natureza acima do equilíbrio da comunidade de vida. A espiritualidade não é um exercício intimista de confortável relação com Deus. O exemplo de Jesus, ela tem efeitos sociais, políticos e econômicos. [...] A proposta de Jesus é assumirmos o compromisso com o seu Reino – "venha a nós o vosso reino". (Betto, 2016, p. 166)

Esses são os momentos oportunos para se instituírem organismos judiciários internacionais como ponto de partida para o estabelecimento da paz. É necessário, todavia, ir além das determinações dos comportamentos delituosos, tanto ativos como omissivos, e além das decisões referentes aos procedimentos de reparação, para chegar ao restabelecimento de relações de recíproco acolhimento entre os povos divididos, sob o signo da reconciliação. É justamente esse procedimento que poderá promover a paz e o respeito mútuo entre os povos e as nações e uma profunda colaboração para se estabelecer a paz na casa comum.

6.4 Serviços caritativos nos âmbitos da vida social

Existem diversas formas de servir a humanidade. Pensar bem nos outros é uma prática que se inicia em casa, no seio da família, e pode ser estendida a outros campos da sociedade. Entre todos os serviços caritativos, o mais destacado é o serviço à pessoa humana.

O serviço na Igreja Católica é realizado pelos fiéis, principalmente pelos leigos que se encontram no campo social. Esse serviço é sinal e expressão da caridade que se manifesta na vida familiar, cultural, profissional, econômica, política, conforme o dom de cada um. Duas coisas acontecem simultaneamente: por um lado, os fiéis leigos exprimem a verdade de sua fé e, por outro, experimentam a verdade da Doutrina Social da Igreja (DSI), que encontra assim sua plena realização. Desse modo, o fiel leigo vive em termos concretos para a solução dos problemas sociais, percebendo que a credibilidade da doutrina social reside de fato no testemunho vivido cotidianamente.

Esse serviço é visto como "a promoção da dignidade de toda pessoa, o bem mais precioso que o homem possui, é a tarefa essencial, antes, em certo sentido é a tarefa central e unificadora do serviço que a Igreja, e nela os fiéis leigos, são chamados a prestar à família dos homens" (Pontifício Conselho "Justiça e Paz", 2006, p. 168, n. 552).

A realidade mudou e com ela as preocupações da Igreja. Por isso, o Papa Francisco apela à humanidade, por meio de suas encíclicas, que estabeleça meios concretos com a prática dos serviços de caridade. Outra ação de parte do pontífice foi a convocação do Sínodo da Amazônia, que pode ser considerado um exemplo desse serviço para com os povos indígenas das Américas.

> As propostas que este santo Sínodo acaba de formular, tiradas dos tesouros da doutrina da Igreja, têm por fim ajudar todos os homens do nosso tempo, quer acreditem em Deus, quer O não reconheçam explicitamente, a perceber com maior clareza a plenitude da sua vocação, a tornar o mundo cada vez mais conforme à eminente dignidade do homem, a procurar chegar a uma fraternidade universal apoiada em alicerces profundos e, movidos pelo amor, a responder generosamente e em esforço comum às mais urgentes necessidades do nosso tempo. (Pontifício Conselho "Justiça e Paz", 2006, p. 169, n. 553)

Dessa forma, a Igreja contextualiza seu caminho conforme a região, a época e também a situação. Duas áreas fundamentais que devem ser atingidas são a da cultura e a da economia.

6.4.1 Serviço à cultura

A cultura deve constituir um campo privilegiado de presença e empenho pela Igreja e pelos cristãos individuais. A cultura é um campo aberto para inúmeras possibilidades. Entendemos a cultura como uma expressão, "estilo ou programa de vida comum de um povo ou de um grupo social, tomado em sua complexidade exterior e em sua unidade interior, composto de símbolos e significados, do imaginário político-religioso, da organização social, do trabalho material e espiritual" (Brighenti, 1998, p. 103). Porém, muitas vezes, a cultura é confundida com outros aspectos sociais. Referindo-se ao Vaticano II, o CDSI (Pontifício Conselho "Justiça e Paz", 2006, p. 169, n. 554) alerta:

> O destaque entre a fé cristã e a vida cotidiana é julgado pelo Concílio Vaticano II como um dos erros mais graves do nosso tempo. O extravio do horizonte metafísico; a perda da nostalgia de Deus no narcisismo autorreferencial e na fartura de meios de um estilo de vida consumista; o primado conferido à tecnologia e à pesquisa científica fim em si mesma; a ênfase ao aparente, da busca da imagem, das técnicas de comunicação: todos estes fenômenos devem ser compreendidos em seu aspecto cultural e colocados em relação com o tema central da pessoa humana, do seu crescimento integral, da sua capacidade de comunicação e de relação com os outros homens, do seu contínuo interrogar-se sobre grandes questões que circundam a existência.

Podemos afirmar que a cultura é aquilo que faz o ser humano profundamente humano.

6.4.2 Serviço à economia

O mundo contemporâneo é muito complexo, e a economia se encontra conectada a todos os setores e a todas as nações. A globalização fez com que as nações se tornassem cada vez mais dependentes umas das outras. Os recursos naturais de um país são partilhados ou vendidos para outros países. Alguns produtos encontrados somente em uma região são universalizados. Justamente nessa complexidade é fundamental que haja uma compreensão adequada quando se trata da economia. Alguns princípios como exploração inadequada dos recursos naturais, abuso de mão de obra em países pobres e desequilíbrio na partilha dos produtos entre os países ricos e pobres devem ser revistos. Como esclarece o CDSI (Pontifício Conselho "Justiça e Paz", 2006, p. 171, n. 563),

> É necessário que ditos princípios sejam conhecidos e acolhidos na atividade econômica mesma: quando estes princípios são ignorados, em primeiro lugar o da centralidade da pessoa humana, a própria qualidade da atividade econômica fica comprometida. O empenho do cristão traduzir-se-á também no esforço de reflexão cultural voltada sobretudo para um discernimento concernente aos atuais modelos de desenvolvimento econômico-social. A redução da questão do desenvolvimento a um problema exclusivamente técnico produziria um esvaziamento de seu verdadeiro conteúdo que, na verdade, diz respeito à dignidade do homem e dos povos.

Uma vez que não houver mais ninguém passando fome, estaremos progredindo em relação à dignidade humana. Assim, o serviço à economia se torna um grande benefício para a humanidade.

6.5 Defesa da paz

A promoção da paz é um desejo de todas as tradições religiosas e culturas. Por um lado, vivemos sob uma inquietação constante para preservar a paz, tanto na família como na sociedade. Por outro, experimentamos a ausência dela na vida cotidiana em virtude de relações inadequadas ou de outros fatores sociais e econômicos. Por isso, a humanidade, por intermédio de suas organizações, principalmente a Organização das Nações Unidas (ONU), busca estabelecer e trabalhar em defesa da paz. Como afirma Agostini (2002, p. 252),

> Falar de paz é certamente tocar num anseio que acompanha desde sempre a humanidade. Esta, por sua vez, faz a experiência

da conflitividade nas mais diversas formas: conflitos, guerras, armamentos, tensões, divisões etc. A conflitividade traduz o enfrentamento entre pessoas, grupos, categorias, nações, grupos de nações (blocos). Faz-se presente um antagonismo que assume várias formas de violência, terrorismo, guerra. Por motivos os mais diversos (poder, riqueza, etnia...), difunde-se a luta, a desagregação, a opressão, a confusão.

Nesse contexto, o valor da paz ressurge com toda a força. É uma aspiração de toda pessoa de boa vontade. Tem reconhecimento universal como um dos valores mais altos que temos de buscar e defender. O mundo mudou, surgiram diversos contrastes entre os países, que tiveram a possibilidade de acelerar seu desenvolvimento e de fazer crescer suas riquezas. Nesse caso, salta aos olhos o fosso existente entre riqueza e pobreza, entre superabundância e privação/miséria.

A chegada do terceiro milênio traz consigo muitos tipos de conflitos, que se perpetuam sem uma solução imediata, engalfinhando a humanidade em guerras violentas, terrorismo constante, quer de Estado, quer de grupos diversos, muitas vezes organizados internacionalmente. A paz continua precária. Injustiças, mortes, ruínas, medo, violação dos direitos humanos, redução da liberdade, aprisionamentos arbitrários, opressões diversas, visões fundamentalistas, fome, enfermidades e subdesenvolvimento se disseminam. Inflama-se o antagonismo de interesses nacionais, de culturas e ideologias, pelas pretensões de um povo ou raça dominar o outro.

Por outro lado, como explica Agostini (2002, p. 253),

> A paz não é simples ausência de guerra, nem o produto da vitória militar ou o resultado do equilíbrio de forças entre as nações, muito menos a consequência de uma hegemonia despótica de uns países sobre outros. A paz é, sim, um dom de Deus que cabe cultivar, tornando-se uma tarefa para, desdobrando este dom, fazê-lo crescer em todos os recantos e no mais íntimo do ser humano. A paz sobre

> a terra deve ser à imagem da paz de Cristo, que nos reconciliou com o Pai e chama a todo o gênero humano formar um só corpo.

A paz é fruto do cultivo do projeto de Deus na humanidade; requer uma profunda reconciliação entre os povos e as nações. É muito importante ressaltar que a paz é um conceito amplo, pois exige que nos situemos dentro do plano de Deus. Como afirmamos anteriormente, a paz se encontra no conceito do reino de Deus, mudando a realidade de muitas pessoas que sofrem com desigualdade social, violência, fome e miséria. A paz se torna uma presença de justiça, igualdade e solidariedade. Ela não é a causa, mas a consequência, o efeito de uma série de condições sociais, políticas e econômicas. Onde há esse verdadeiro amor, nasce e se fortalece a paz. A paz, tanto pessoal quanto comunitária, é um dom de Deus. Ao mesmo tempo, é fruto do trabalho do homem, que há de esforçar-se para consegui-la e mantê-la.

É bom saber que a paz é adquirida pela conversão pessoal. O ser humano é maravilhoso e, ao mesmo tempo, cria os problemas que destroem a paz dentro e fora de si. Por isso, é fundamental que haja paz constante em sua vida. Uma das dinâmicas que as religiões desenvolveram é a busca do estabelecimento da paz; para tal propósito, elaboraram algumas orações que vamos apresentar a seguir.

6.5.1 Orações pela paz no mundo

Os líderes de grandes tradições religiosas se empenham incansavelmente para estabelecer a paz no mundo. Em 1986, o Papa São João Paulo II organizou em Assis um encontro para o qual convidou os líderes de diversas religiões com o intuito de rezarem pela paz.

> O encontro de Assis fez emergir uma compreensão de que, se a ordem da unidade remonta à criação e à redenção; ela é, portanto,

divina, e as diferenças e as divergências religiosas remontam antes a um "fato humano" e têm de ser superadas no avanço em direção à realização do poderoso plano de unidade que domina a criação. (Andrade, 2019, p. 201)

Na atualidade, um dos exemplos é a instituição do Dia Mundial da Paz, celebrado em todas as culturas e nações. Nessas celebrações, as pessoas rezam juntas pela paz, geralmente no mesmo horário, apesar das diferenças de fuso horário.

O Papa Paulo VI as instituiu com o objetivo de que se dedique aos pensamentos e aos propósitos da Paz uma celebração especial, no primeiro dia do ano civil. As Mensagens pontifícias por ocasião de celebração anual constituem uma rica fonte de atualização e de desenvolvimento da doutrina social e mostram o constante esforço da ação pastoral da Igreja em favor da paz: "A Paz impõe-se somente com a paz, com aquela paz nunca disjunta dos deveres da justiça, mas alimentada pelo sacrifício de si próprio, pela clemência, pela misericórdia e pela caridade". (Pontifício Conselho "Justiça e Paz", 2006, p. 160, n. 520)

Essas celebrações invocam a paz e o compromisso de construir um mundo de paz.

No boxe a seguir, apresentamos algumas dessas orações pela paz, de diferentes tradições religiosas.

Cristãos

Senhor, fazei de mim um instrumento de vossa paz. Onde houver ódio, que eu leve o amor; onde houver ofensa, que eu leve o perdão; onde houver erro, que eu leve a verdade; onde houver trevas, que eu leve a luz. Ó Mestre, fazei que eu procure mais consolar do que ser consolado, compreender do que ser compreendido, amar do que ser amado [...].

Prece bahai

Sê generoso na prosperidade e grato no infortúnio; [...] sê imparcial no teu juízo e cauteloso no que dizes; [...] sê como uma lâmpada para aqueles que andam nas trevas. E um lar para o estranho; [...] sê um alento de vida para o corpo da humanidade, sê um orvalho para o solo do coração humano.

Dalai Lama

Que eu me torne em todos os momentos, agora e sempre, um protetor para os desprotegidos, um guia para os que perderam o rumo, um navio para os que têm oceanos para cruzar, uma ponte para os que têm rios a atravessar, um santuário para os que estão em perigo, uma lâmpada para os que não têm a luz, um abrigo para os que não têm abrigo e um servidor para todos os necessitados.

Oração hindu

Ó Deus, conduze-nos do irreal para o real. Ó Deus, conduze-nos das trevas à luz. Ó Deus, conduze-nos da morte à imortalidade. Paz, Paz, Paz (Shanti) para todos.

Ó Senhor Deus todo poderoso, que haja paz na terra, que as águas sejam calmas; que as ervas sejam viçosas e as árvores e plantas tragam a paz para todos. Que todos os seres benéficos tragam para nós, que a tua lei védica seja uma fonte de paz para nós e possa tua paz em si mesma conferir a paz a tudo e possa aquela paz vir a mim também.

Muçulmanos

Em nome de Deus, o Clemente, o Misericordioso. Louvado seja Deus, o Senhor dos mundos, o Clemente, o misericordioso. Se eles se inclinarem para a paz, inclina-te para ela também e confia em Deus. Ele ouve tudo e sabe tudo.

> ### Judeus
> Nosso Deus que estais nos céus, o Senhor da paz, tenha compaixão e piedade de nós e de todos os povos da terra que imploram a sua piedade e a sua compaixão, pedindo a paz, procurando a paz.

Síntese

O tema principal deste capítulo é o estabelecimento da paz no mundo. Destacamos diversas situações de ausência da paz. Tratamos da violência causada pelo terrorismo, que nos últimos anos se tornou mais visível. Todas as nações tomaram a consciência da necessidade de se estabelecer a paz no mundo. Ao longo do capítulo, buscamos mostrar de que forma o terrorismo pode ser combatido. Logo em seguida, abordamos as propostas de paz no mundo e o papel da Igreja em defesa da paz. Concluímos o capítulo apresentando algumas orações pela paz elaboradas por diferentes pontos de vista religiosos.

Indicação cultural

PAPA participa de encontro ecumênico de Oração pela Paz. 20 out. 2020. Disponível em: <https://www.youtube.com/watch?v=so_3TRHLBRg>. Acesso em: 9 set. 2023.

O vídeo trata do encontro organizado pelo Papa Francisco na Semana da Unidade, que a Igreja celebra todos os anos antes da Festa de Pentecostes. O intuito desse encontro era discutir sobre a paz e promover um diálogo entre as religiões, com o objetivo de estabelecerem a paz.

Atividades de autoavaliação

1. O século XX caracterizou-se tragicamente pela ocorrência de vários genocídios. Assinale a alternativa que apresenta corretamente alguns deles:
   a) Genocídio dos brasileiros, dos uruguaios e dos bolivianos.
   b) Genocídio dos armênios, dos ucranianos, dos cambojanos, dos povos hutus e tutsis e nos Bálcãs, além do Holocausto do povo judeu na Segunda Guerra Mundial.
   c) Genocídio dos armênios, dos ucranianos, dos cambojanos, dos povos hutus e tutsis e nos Bálcãs. Porém, não houve massacre de judeus na Segunda Guerra Mundial.
   d) O século XX foi mais tranquilo para viver, pois não houve genocídio nenhum.
   e) Os armênios, os ucranianos, os cambojanos, os hutus, os tutsis e outros tinham a vida mais tranquila e protegida pelos governos.

2. Quando se trata do terrorismo e da prevenção dele, é bom lembrar que essa prática se tornou mais visível a partir de qual destes eventos?
   a) Ataque dos sírios ao grupo fundamentalista do ISIS.
   b) Ataque da Rússia à Ucrânia, no mês de fevereiro de 2022.
   c) Ataques às duas torres nos Estados Unidos, no dia 11 de setembro de 2001.
   d) Ataques terroristas na ilha de Bali.
   e) Ataques dos Estados Unidos no Afeganistão.

3. Assinale a afirmativa correta:
   a) O primeiro nível da obra formativa é ensinar a viver uma vida cotidiana numa forma digna.

- b) A promoção da paz no mundo não é a parte principal da missão com que a Igreja continua a obra redentora de Cristo sobre a terra. A Igreja se preocupa com conversões.
- c) A promoção da paz é um trabalho dos governos e não da Igreja, pois a Igreja se preocupa com a espiritualidade.
- d) A promoção da paz no mundo é parte integrante da missão com que a Igreja continua a obra redentora de Cristo sobre a terra. A Igreja, de fato, é, em Cristo, "sacramento", ou seja, sinal e instrumento de paz no mundo e para o mundo.
- e) A promoção da paz é o trabalho das Nações Unidas e não da Igreja.

4. Existem diversas formas de servir a humanidade, porém, no campo da caridade cristã, podemos identificar dois âmbitos. Quais são eles?
   - a) Serviço à cultura e serviço à agronomia.
   - b) Serviço à família e serviço à violência.
   - c) Serviço à religião e serviço à academia.
   - d) Serviço à cultura; outros serviços são deixados para os outros.
   - e) Serviço à cultura e serviço à economia.

5. Releia as orações a seguir.
   I. Senhor fazei de mim um instrumento de vossa paz. Onde houver ódio, que eu leve o amor, onde houver ofensa que eu leve o perdão, onde houver erro que eu leve a verdade, onde houver trevas que eu leve a luz.
   II. Ó Deus, conduze-nos do irreal para o real. Ó Deus, conduze-nos das trevas à luz. Ó Deus, conduze-nos da morte à imortalidade. Paz, Paz, Paz (Shanti) para todos.
   III. Em nome de Deus, o Clemente, o Misericordioso. Louvado seja Deus, o Senhor dos mundos, o Clemente, o misericordioso.

Se eles se inclinarem para a paz, inclina-te para ela também e confia em Deus. Ele ouve tudo e sabe tudo.

IV. Nosso Deus que estais nos céus, o Senhor da paz tenha compaixão e piedade de nós e de todos os povos da terra que imploram a sua piedade e a sua compaixão, pedindo a paz, procurando a paz.

São preces relacionadas, respectivamente, às tradições cristã e muçulmana:

a) I e III.
b) I e IV.
c) II e III.
d) II e IV.
e) III e IV.

Atividades de aprendizagem

Questões para reflexão

1. Converse com dois representantes de tradições religiosas diferentes. Peça a eles que façam uma oração pela paz conforme sua tradição. Quais situações conflituosas foram lembradas nas duas orações?

2. Que conflitos você colocaria em suas orações pela paz? Por quê?

Atividade aplicada: prática

1. Faça uma visita a uma Igreja ou um templo onde possa sentir paz. Em um segundo momento, descreva essa experiência, destacando de que modo você se sentiu tocado pela paz.

Considerações finais

A ação caritativa da Igreja cresce na medida do reconhecimento de sua dimensão universal. Trata-se de uma mensagem dirigida a todas as pessoas das mais diversas culturas, um gesto concreto e humano, universal e abrangente, que vislumbra também a defesa da casa comum como garantia de um futuro sustentável para a humanidade. Ao longo dos capítulos, trilhamos o caminho da ação da caridade que dá a verdadeira identidade à Igreja. Somente na verdadeira caridade a Igreja se encontra com ela mesma, pois a caridade é a verdadeira evangelização.

Por isso, podemos perceber que "os fiéis leigos e leigas, inseridos nas realidades terrestres, são protagonistas da ação evangelizadora na Igreja. Sejam eles os primeiros a conhecerem e a colocarem em prática a Doutrina Social da Igreja, visto que tudo o que é humano interessa a quem professa sua fé em Jesus Cristo" (Stringhini, 2016, p. 6). Porém, nesta obra, nosso foco foi a caridade cristã, apresentada com base nos fundamentos bíblicos, teológicos, históricos e eclesiológicos, pois esses fundamentos se tornam referenciais para organizar a caridade.

Também vimos que o ser humano necessita da ajuda do outro, pois somos interconectados e interdependentes. Essa relação nos coloca no eixo da caridade e nos faz perceber que existem pessoas necessitadas e pessoas ajudantes. A obra abordou a condição existencial do "antropos" em busca da felicidade em diversas formas, com seus direitos e deveres. Contudo, existem seres com mais necessidades do que outros, em razão de situações culturais, geográficas e naturais. Apresentamos essas pessoas como destinatários da caridade cristã.

Tratamos ainda de uma das dimensões mais importantes na ação caritativa, que é a colaboração com as instituições que fazem a caridade chegar aos mais necessitados. A Igreja sempre demonstrou uma opção preferencial pelos pobres, uma vez que os pobres e excluídos desafiam o núcleo do trabalho da Igreja, da pastoral e de atitudes cristãs. Estes são primeiros destinatários da ação caritativa e também sujeitos do serviço de promoção humana e de transformação social que a Igreja empreende. Para tais questões, é fundamental que se saiba com clareza aonde deve chegar a ação caritativa, quais instituições devem integrar as parcerias e quais elementos precisos fazem parte dessa ação.

Finalmente, a obra contemplou também a pandemia de covid-19, que causou muitos danos para a vida humana, criando mais desigualdades sociais, desconfianças entre as populações e terrorismo que ameaça a paz no mundo, exigindo que haja uma ação conjunta dos líderes das nações. O Papa Francisco está em constante diálogo com esses líderes para criar um ambiente de paz e harmonia. Dessa forma, percebemos que a ação caritativa é conduzida pela Palavra de Deus:

> a Palavra de Deus, haurida antes de tudo da Sagrada Escritura, com as exigências éticas dela decorrentes, denuncia toda a injustiça que fere o ser humano em sua dignidade de filho de Deus, criado à sua

imagem e semelhança e libertado pela doação da vida do Filho Jesus Cristo. E essa Palavra de Verdade é farol cuja luz evidencia inúmeros sinais de esperança. (Stringhini, 2016, p. 5)

Que esta obra possa ajudar os leitores a desenvolver as atitudes de caridade, principalmente em relação aos mais necessitados.

Referências

AGOSTINI, N. Ética cristã e desafios atuais. Petrópolis: Vozes, 2002.

ALMEIDA, L. A fraternidade e os excluídos. Folha de S.Paulo, 25 fev. 1995. Disponível em: <https://www1.folha.uol.com.br/fsp/1995/2/25/opiniao/7.html>. Acesso em: 9 set. 2023.

ALTEMEYER JUNIOR, F. O desafio do compromisso dos cristãos no mundo da política: testemunho e santidade. In: ZACHARIAS, R.; MANZINI, R. (Org.). Magistério e Doutrina Social da Igreja: continuidade e desafios. São Paulo: Paulinas, 2016. p. 96-123.

ALVES, A. Reciprocidade, fraternidade, justiça: uma revolução da concepção da economia. In: ZACHARIAS, R.; MANZINI, R. (Org.). Magistério e Doutrina Social da Igreja: continuidade e desafios. São Paulo: Paulinas, 2016. p. 145-155.

ANDRADE, J. Inculturação no contexto da missão ad gentes. In: ANDRADE, J.; LABONTÉ, G. (Org). Caminhos para a missão: fazendo missiologia contextual. Brasília: Centro Cultural Missionário, 2008. p. 337-352.

ANDRADE, J. **Relações ecumênicas e inter-religiosas:** construindo uma ponte entre as religiões. Curitiba: InterSaberes, 2019.

ANDRADE, J.; LABONTÉ, G. (Org). **Caminhos para a missão:** fazendo missiologia contextual. Brasília: Centro Cultural Missionário, 2008.

BALSAN, L. **Teologia pastoral.** Curitiba: InterSaberes, 2018.

BENTO XVI, Papa. **Carta Encíclica Caritas in Veritate.** Roma, 29 jun. 2009. Disponível em: <https://www.vatican.va/content/benedict-xvi/pt/encyclicals/documents/hf_ben-xvi_enc_20090629_caritas-in-veritate.html>. Acesso em: 9 set. 2023.

BENTO XVI, Papa. **Carta Encíclica Deus Caritas Est.** Roma, 25 dez. 2005. Disponível em: <https://www.vatican.va/content/benedict-xvi/pt/encyclicals/documents/hf_ben-xvi_enc_20051225_deus-caritas-est.html>. Acesso em: 9 set. 2023.

BETTO, Frei. A espiritualidade proposta pela encíclica Louvado Sejas. In: MURAD, A.; TAVARES, S. S. (Org.). **Cuidar da casa comum:** chaves de leitura teológicas e pastorais da *Laudato Si'*. São Paulo: Paulinas, 2016. p. 157-168.

BÍBLIA. Português. **Bíblia de Jerusalém.** São Paulo: Paulus, 2002.

BRIGHENTI, A. **A Doutrina Social da Igreja:** algumas notas introdutórias. *Slides.* Curitiba, 2019.

BRIGHENTI, A. **Por uma evangelização inculturada:** princípios e passos metodológicos. São Paulo: Paulinas, 1998.

CASTILHO, D. Apresentação. In: ZACHARIAS, R.; MANZINI, R. (Org.). **Doutrina Social da Igreja e o cuidado com os mais frágeis.** São Paulo: Paulinas, 2018. p. 5-8.

CNBB – Conferência Nacional dos Bispos do Brasil. **Diretrizes Gerais da Ação Evangelizadora da Igreja no Brasil (2015-2019).** Brasília, 2015.

CNBB – Conferência Nacional dos Bispos do Brasil. **Catecismo da Igreja Católica.** Brasília, 2013.

CNBB – Conferência Nacional dos Bispos do Brasil. **Comunidade de comunidades:** uma nova paróquia – a conversão pastoral da paróquia. São Paulo: Paulinas, 2014.

CNBB – Conferência Nacional dos Bispos do Brasil. Temas de Doutrina Social da Igreja: Projeto Nacional de Evangelização Queremos ver Jesus caminho, verdade e vida. São Paulo: Paulinas; Paulus, 2004. Caderno 1.

CRB – Conferência dos Religiosos do Brasil. Política de proteção a crianças, adolescentes e pessoas em situação de vulnerabilidade. Brasília: CRB Nacional, 2021.

DIDAQUÉ: Catecismo dos primeiros cristãos. [S.l.]: Paulus, [S.d.].

DIEHL, R. Documentos contemporâneos da Igreja: *Evangelium Vitae*, *Deus Caritas Est* e *Evangelii Gaudium*. Curitiba: InterSaberes, 2020.

D'SOUZA, R. Commentary on Encyclical Letter of Pope Francis Laudato Si': Praise Be to You. Kerala, India: Carmel International Publishing House; Trivandrum: 2015.

ERPEN, J. Papa reitera: a unidade é sempre superior ao conflito. Vatican News, 17 jan. 2021. Disponível em: <https://www.vaticannews.va/pt/papa/news/2021-01/papa-francisco-angelus-semana-oracao-unidade-cristaos.html>. Acesso em: 24 set. 2023.

FERRÉ, C. O desafio do compromisso dos cristãos no mundo da política: do descrédito à esperança. In: ZACHARIAS, R.; MANZINI, R. (Org.). Magistério e Doutrina Social da Igreja: continuidade e desafios. São Paulo: Paulinas, 2016. p. 83-95.

FRANCISCO, Papa. Carta Encíclica Laudato Si'. Roma, 24 maio 2015. Disponível em: <https://www.vatican.va/content/francesco/pt/encyclicals/documents/papa-francesco_20150524_enciclica-laudato-si.html>. Acesso em: 9 set. 2023.

GARCIA, A. Família: globalização, perspectivas e valores à luz da Doutrina Social da Igreja. In: ZACHARIAS, R.; MANZINI, R. (Org.). Magistério e Doutrina Social da Igreja: continuidade e desafios. São Paulo: Paulinas, 2016. p. 168-192.

GONÇALVES, A. Doutrina Social da Igreja: história e desafios. 2018. Disponível em: <https://www.saojoaobatistavicosa.com.br/storage/files/602fcb4f39269/doutrina-social-da-igrejapealfredog.docx>. Acesso em: 9 set. 2023.

JOÃO XXIII, Papa. Carta Encíclica Mater et Magistra. Roma, 15 maio 1961. Disponível em: <https://www.vatican.va/content/john-xxiii/pt/encyclicals/documents/hf_j-xxiii_enc_15051961_mater.html>. Acesso em: 20 set. 2023.

JOÃO PAULO II, Papa. **Carta Encíclica Centesimus Annus**. Roma, 1º maio 1991. Disponível em: <https://www.vatican.va/content/john-paul-ii/pt/encyclicals/documents/hf_jp-ii_enc_01051991_centesimus-annus.html>. Acesso em: 9 set. 2023.

JOÃO PAULO II, Papa. **Carta Encíclica Dives in Misericordia**. Roma, 30 nov. 1980. Disponível em: <https://www.vatican.va/content/john-paul-ii/pt/encyclicals/documents/hf_jp-ii_enc_30111980_dives-in-misericordia.html>. Acesso em: 9 set. 2023.

JOÃO PAULO II, Papa. **Carta Encíclica Sollicitudo Rei Socialis**. Roma, 30 dez. 1987. Disponível em: <https://www.vatican.va/content/john-paul-ii/pt/encyclicals/documents/hf_jp-ii_enc_30121987_sollicitudo-rei-socialis.html>. Acesso em: 9 set. 2023.

JOÃO PAULO II, Papa. **Da justiça de cada um nasce a paz para todos**. Vaticano, 8 de. 1997a. Disponível em: <https://www.vatican.va/content/john-paul-ii/pt/messages/peace/documents/hf_jp-ii_mes_08121997_xxxi-world-day-for-peace.html#:~:text=Edificar%20a%20paz%20na%20justi%C3%A7a%20%C3%A9%20obriga%C3%A7%C3%A3o%20de%20todos%20e%20de%20cada%20um&text=A%20paz%20para%20todos%20nasce,as%20respectivas%20compet%C3%AAncias%20e%20responsabilidades>. Acesso em: 9 set. 2023.

JOÃO PAULO II, Papa. **Mensagem de Sua Santidade para a celebração do XIX Dia Mundial da Paz 1º de janeiro de 1986**. Vaticano, 8 dez. 1985. Disponível em: <https://www.vatican.va/content/john-paul-ii/pt/messages/peace/documents/hf_jp-ii_mes_19851208_xix-world-day-for-peace.html>. Acesso em: 9 set. 2023.

JOÃO PAULO II, Papa. **Mensagem de Sua Santidade para a celebração do XXXI Dia Mundial da Paz 1º de janeiro de 1998**. Vaticano, 8 dez. 1997b. Disponível em: <https://www.vatican.va/content/john-paul-ii/pt/messages/peace/documents/hf_jp-ii_mes_08121997_xxxi-world-day-for-peace.html#:~:text=Edificar%20a%20paz%20na%20justi%C3%A7a%20%C3%A9%20obriga%C3%A7%C3%A3o%20de%20todos%20e%20de%20cada%20um&text=A%20paz%20para%20todos%20nasce,as%20respectivas%20compet%C3%AAncias%20e%20responsabilidades.>. Acesso em: 9 set. 2023.

MÁRQUEZ, I.; GODOY, G. G. de. Perspectivas para a proteção de migrantes e refugiados à luz da Declaração de Nova Iorque. Caderno de Debates Refúgio, Migrações e Cidadania, Brasília: Instituto Migrações e Direitos Humanos, v. 11, n. 11, p. 15-24, 2006.

MARTINS, A. Doutrina Social da Igreja e teologia da libertação: diferentes abordagens. In: ZACHARIAS, R.; MANZINI, R. (Org.). Magistério e Doutrina Social da Igreja: continuidade e desafios. São Paulo: Paulinas, 2016. p. 50-65.

MILESI, R.; ANDRADE, P. C.; PARISE, P. O déficit de proteção a crianças migrantes na América Latina. Caderno de Debates Refúgio, Migrações e Cidadania, Brasília: Instituto Migrações e Direitos Humanos, v. 11, n. 11, p. 65-80, 2006.

MONIZ, J. A caridade cristã: uma nova síntese humanista em contexto de crise financeira e civilizacional. Fragmentos de Cultura, Goiânia, v. 26, n. 4, p. 682-700, out./dez. 2016.

MONIZ, J. Uma proposta de renovação social: a caridade cristã como nova matriz civilizacional. Plura: Revista de Estudos de Religião, v. 6, n. 1, p. 41-73, jan.-jun. 2015.

MOREIRA, G. *Laudato Si'* e as lutas dos movimentos socioambientais. In: MURAD, A.; TAVARES, S. S. (Org.). Cuidar da casa comum: chaves de leitura teológicas e pastorais da *Laudato Si'*. São Paulo: Paulinas, 2016. p. 197-217.

OLIVEIRA, P. A difícil integração humana na comunidade de vida da Terra. In: MURAD, A.; TAVARES, S. S. (Org.). Cuidar da casa comum: chaves de leitura teológicas e pastorais da *Laudato Si'*. São Paulo: Paulinas, 2016. p. 90-102.

PAULO VI, Papa. Carta Apostólica Octogesima Adveniens. Roma, 14 maio 1971. Disponível em: <https://www.vatican.va/content/paul-vi/pt/apost_letters/documents/hf_p-vi_apl_19710514_octogesima-adveniens.html>. Acesso em: 9 set. 2023.

PAULO VI, Papa. Carta Encíclica Populorum Progressio. Roma, 26 mar. 1967. Disponível em: <https://www.vatican.va/content/paul-vi/pt/encyclicals/documents/hf_p-vi_enc_26031967_populorum.html>. Acesso em: 9 set. 2023.

PAULO VI, Papa. **Constituição Pastoral Gaudium et Spes**: sobre a Igreja no mundo atual. Roma, 7 dez. 1965. Disponível em: <https://www.vatican.va/archive/hist_councils/ii_vatican_council/documents/vat-ii_const_19651207_gaudium-et-spes_po.html>. Acesso em: 9 set. 2023.

PIO XI, Papa. **Carta Encíclica Divini Redemptoris**. Roma, 19 mar. 1937. Disponível em: <https://www.vatican.va/content/pius-xi/pt/encyclicals/documents/hf_p-xi_enc_19370319_divini-redemptoris.html>. Acesso em: 9 set. 2023.

PONTIFÍCIO CONSELHO "JUSTIÇA E PAZ" **Agenda Social**: Coleção de Textos Magisteriais. Preparado por Robert A. Sirico e Maciej Zieba. Vaticano: Libraria Editrice Vaticana, 2000.

PONTIFÍCIO CONSELHO "JUSTIÇA E PAZ": **Compêndio da Doutrina Social da Igreja**. 3. ed. São Paulo: Paulinas, 2006.

RIBEIRO, C. **Doutrina Social da Igreja**. *Slides*. Curitiba, 2019.

STRINGHINI, P. Apresentação. In: ZACHARIAS, R.; MANZINI, R. (Org.). **Magistério e Doutrina Social da Igreja**: continuidade e desafios. São Paulo: Paulinas, 2016. p. 5-7.

TRACCO, C. A opção preferencial pela riqueza. In: ZACHARIAS, R.; MANZINI, R. (Org.). **Magistério e Doutrina Social da Igreja**: continuidade e desafios. São Paulo: Paulinas, 2016. p. 124-144.

TORNIELLI, A. Cuidar dos doentes, aprendendo o que significa amar. **Vatican News**, 22 set. 2020. Disponível em: <https://www.vaticannews.va/pt/vaticano/news/2020-09/cuidar-dos-doentes-aprendendo-o-que-significa-amar.html>. Acesso em: 9 set. 2023.

VERA, R. Palestra sobre *Laudato Si*: perspectiva indiana. PUC-PR, abr. 2019.

ZACHARIAS, R.; MANZINI, R. (Org.). **Doutrina Social da Igreja e o cuidado com os mais frágeis**. São Paulo: Paulinas, 2018.

ZACHARIAS, R.; MANZINI, R. (Org.). **Magistério e Doutrina Social da Igreja**: continuidade e desafios. São Paulo: Paulinas, 2016.

Bibliografia comentada

BALSAN, L. **Teologias contemporâneas**. Curitiba: InterSaberes, 2020.

Nessa obra, o autor apresenta diferentes linhas da teologia contemporânea. É um livro útil acerca da abordagem da ação caritativa da Igreja, abarcando as teologias feminista e de gênero, cuja compreensão é importante no contexto atual por se tratar de grupos muitas vezes discriminados e violentados pelo restante da sociedade. Nesse sentido, a obra contribui para uma compreensão adequada das dificuldades desses grupos, o que auxiliaria na elaboração da ação caritativa em benefício deles, promovendo sua inclusão.

MURAD, A.; TAVARES, S. S. (Org.). **Cuidar da casa comum**: chaves de leitura teológicas e pastorais da *Laudato Si'*. São Paulo: Paulinas, 2016.

A encíclica *Laudato Si'* suscitou um clima de grande expectativa e de acalorada discussão, pois se ocupa de temas atuais do planeta e faz um apelo à conversão ecológica. O livro compreende artigos de vários autores, que abordam suas preocupações em relação ao planeta, o que também envolve a dimensão da caridade. Os textos são breves, didáticos, com citações da própria encíclica. Trata-se de uma obra com uma linguagem fácil de compreender, profundamente cristã e que apresenta muitos aspectos relevantes para a prática da ação caritativa.

ZACHARIAS, R.; MANZINI, R. (Org.). **Magistério e Doutrina Social da Igreja: continuidade e desafios**. São Paulo: Paulinas, 2016.

A obra apresenta o contexto mais amplo da Doutrina Social da Igreja (DSI), que é um rico patrimônio da Igreja Católica. Perita em humanidade, a Igreja, por meio de seu Magistério, convicta de que sua doutrina social constitui instrumento privilegiado de evangelização, vive na atitude de percorrer o caminho do humano, o que faz com que seu patrimônio seja continuamente elaborado e atualizado. São diversos artigos de autores que abordam temas específicos relacionados à ação caritativa da Igreja, um dos aspectos que constituem esse grande patrimônio.

Respostas

Capítulo 1
Atividades de autoavaliação
1. a
2. c
3. d
4. b
5. e

Capítulo 2
Atividades de autoavaliação
1. a
2. c
3. a
4. c
5. d

Capítulo 3
Atividades de autoavaliação
1. a
2. b
3. c
4. d
5. e

Capítulo 4
Atividades de autoavaliação
1. e
2. d
3. c
4. b
5. a

Capítulo 5
Atividades de autoavaliação
1. a
2. b
3. c
4. d
5. e

Capítulo 6
Atividades de autoavaliação
1. b
2. c
3. d
4. e
5. a

Sobre o autor

Joachim Andrade nasceu na cidade de Mangalore, no sul da Índia, e chegou ao Brasil em 1992. Depois de uma breve passagem por Brasília, onde fez estudos do idioma e da cultura brasileira, se instalou na cidade de Curitiba. É formado em Filosofia e Teologia pelo Pontifício Instituto de Jnana Deepa Vidyapeeth (Pune) e em Literatura Inglesa e História pela Universidade de Mysore, com especialização em Dança Clássica Indiana pelo Gyan Ashram, Institute of Performing Arts (Mumbai). Tem mestrado em Antropologia Social pela Universidade Federal do Paraná (UFPR) e doutorado em Ciências da Religião pela Pontifícia Universidade Católica de São Paulo (PUCSP). É autor do livro *Dança clássica indiana: história – evolução*; organizador da obra *Caminhos para a missão: fazendo a missiologia contextual*; tradutor do livro *Diálogo profético: missão no mundo contemporâneo*, além de autor de diversos artigos científicos. Foi coordenador da Dimensão do Ecumenismo e Diálogo Inter-Religioso da Arquidiocese de Curitiba. É assessor de Centro Cultural Missionário, dirigido pela Conferência Nacional dos Bispos do Brasil (CNBB); membro da equipe interdisciplinar da Conferência dos Religiosos do Brasil (CRB Nacional), em Brasília; e membro do Comitê de Avaliação das Universidades de Mysore e de Guwahati, na Índia. Atualmente, é professor na Faculdade Studium Theologicum, na Faculdade Vicentina e na Pontifícia Universidade Católica do Paraná (PUCPR), em Curitiba.

Os papéis utilizados neste livro, certificados por instituições ambientais competentes, são recicláveis, provenientes de fontes renováveis e, portanto, um meio responsável e natural de informação e conhecimento.

FSC
www.fsc.org
MISTO
Papel | Apoiando o manejo florestal responsável
FSC® C103535

Impressão: Reproset